咸阳师范学院教材建设基金资助项目

ZHONGXUE
SIXIANG ZHENGZHI KECHENG YU
JIAOCAI FENXI

中学思想政治课程与教材分析

白贤　申忠玲 ◎ 主编

陕西新华出版
陕西人民出版社

图书在版编目（CIP）数据

中学思想政治课程与教材分析／白贤，申忠玲主编．—西安：陕西人民出版社，2023.12
ISBN 978-7-224-15134-3

Ⅰ.①中… Ⅱ.①白… ②申… Ⅲ.①政治课—课程标准—研究—中学 ②政治课—教材—研究—中学 Ⅳ.①G633.202

中国国家版本馆 CIP 数据核字（2023）第 194006 号

责任编辑：李　妍
封面设计：赵文君

中学思想政治课程与教材分析

主　　编	白　贤　申忠玲
出版发行	陕西人民出版社
	（西安市北大街147号　邮编：710003）
印　　刷	陕西博文印务有限责任公司
开　　本	787毫米×1092毫米　1/16
印　　张	14.75
字　　数	193千字
版　　次	2023年12月第1版
印　　次	2023年12月第1次印刷
书　　号	ISBN 978-7-224-15134-3
定　　价	49.00元

前 言
Preface

"中学思想政治课程与教材分析"是高校思想政治教育专业开设的专业必修课,是本专业学生进行职业技能训练的基础及核心课程。

习近平总书记多次强调,思政课是落实立德树人根本任务的关键课程。中国特色社会主义进入新时代,基础教育要在党的坚强领导下,全面贯彻党的教育方针,培养德智体美劳全面发展的社会主义合格建设者和可靠接班人。中学思想政治课作为落实立德树人根本任务的关键性课程,在新时代背景下开启了新一轮的深刻变革。

2018年初,教育部出台了《普通高中思想政治课程标准(2017年版)》,对2004年版的课程标准进行了较大调整。2020年,有关专家对该课程标准做了进一步的补充和完善。2022年末,随着《义务教育道德与法治课程标准(2022年版)》的颁布,标志着中小学思想政治课程改革也进入一个全新阶段。

中学思想政治课程的改革,给高校思想政治教育专业"学科教学论"的教学工作带来新挑战。众所周知,思想政治课程与教学论是以中学思想政治课程和教学作为研究对象,通过揭示中学思想政治课程与教学的基本规律和特点,把握中学思想政治课程教与学的基本原理与方法,以培育高校思想政治教育专业学生职业技能为目的的一门必修课程。简言之,高校思想政治教育专业"学科教学论"课程是以中学思想政治课程、教材以及教学活动作为研究对象的。这也是本门课程的特殊性所在。这也意味着,中学思想政治课程改革与教材变化,必然会带来高校思想政治"学科教学论"课程的相应调整。作为高校思想政治教育专业的学生，只有密切关注和尽快熟悉中学思想政治课程与教材的新变化和新内容，才能为今后的职业发展奠定良好的基础。针对于此，咸阳师范学院马克思主义学院制定了新的人才培养方案（2020版），为思想政治教育专业的本科生开设了"思想政治教育专业学科教材分析"这门课程。

但遗憾的是，目前国内这方面的配套教材相对滞后，具体表现为通行的一些权威性教材尚在修订中，然而其旧版几乎没有涉及本轮思想政治新课程改革的内容。有鉴于此，编者在自己近年授课讲义的基础上，编写了这本名为《中学思想政治课程与教材分析》的教学用书，以作权宜之计。

本书共分为五章，第一章是中学思想政治课程原理，主要介绍思想政治课程的历史发展、性质和理念、功能和任务；第二章是中学思想政治课程标准，主要说明新版初、高中思想政治课程标准的修订及其内容；第三章是中学思想政治教材分析，主要介绍中学思想政治教材分析的原理、内涵、方法，并在此基础上，分析最新版高中思想政治教材的内容、结构、特点等；第四章是中学思想政治教学设计，主要介绍新课标理念下几种代表性的教学设计及其实施；第五章是中学思想政治课程资源，主要是从广义的"大教材观"谈如何整合思想政治课程资源的问题。

相较于以往通行的思想政治"学科教学论"课程，本课程力求突出以下三方面特色：一是以内容上的"新"，也就是以最新版的课程标准和教材作为研究对象；二是视野上的"宽"，本课程虽名为"中学思想政治课程与教材分析"，但实际上涉及学科原理、课程标准、教材分析、教学设计、课程资源开发等多方面内容，其意在以系统性视角考察中学思想政治课程与教材；三是体例上的"精"，即没有追求"学科教学论"类课程常见的广而博，而是就现行中学思想政治课程与教材展开分析，使相关问题的探讨更加集中。

最后，需要说明的是，本专著在编写过程中，借鉴和引用了大量专家、学者、教研员以及中学一线教师的教学、科研成果，在此谨表示最诚挚的感谢。需要说明的是，所引专著列于文后的参考文献，所引论文、研究报告、教学案例等则在文中以脚注形式注明，如有疏漏之处，敬请谅解。由于编者水平有限，加之成书仓促，其中的错误和疏漏之处在所难免，还望读者朋友批评指正，以待今后进一步修改和完善。

编　者

2023 年 11 月于咸阳师范学院

目录

第一章　中学思想政治课程原理　　001

第一节　中学思想政治课程的历史发展　　001
一、近代思想政治课程的产生与发展　　003
二、新中国成立以来思想政治课程的改革与发展　　005

第二节　中学思想政治课程的性质和理念　　012
一、中学思想政治课程的性质　　012
二、中学思想政治课程的基本理念　　017

第三节　中学思想政治课程的功能和任务　　021
一、中学思想政治课程的功能　　022
二、中学思想政治课程的任务　　026

第二章　中学思想政治课程标准　　031

第一节　中学思想政治课程标准的历史考察　　032
一、中学思想政治课程标准的发展演变　　032
二、中学思想政治课程标准分析的意义和方法　　039

第二节　初中道德与法治课程标准解读　　043
一、《义务教育道德与法治课程标准(2022年版)》的修订　　044
二、《义务教育道德与法治课程标准(2022年版)》解读　　047

第三节　高中思想政治课程标准解读　　　　　　　　　　　　074

　　一、《普通高中思想政治课程标准(2017年版2020年修订)》的修订　075

　　二、《普通高中思想政治课程标准(2017年版2020年修订)》解读　083

第三章　中学思想政治教材分析　　　　　　　　　　　　　　094

第一节　中学思想政治教材分析的基本原理　　　　　　　　　　095

　　一、中学思想政治学科教材分析的内涵及特点　　　　　　　　095

　　二、中学思想政治学科教材分析的原则和方法　　　　　　　　099

第二节　初中道德与法治教材分析　　　　　　　　　　　　　　110

　　一、道德与法治教材整体分析　　　　　　　　　　　　　　　111

　　二、道德与法治教材主要内容及使用建议　　　　　　　　　　116

第三节　高中思想政治教材分析　　　　　　　　　　　　　　　120

　　一、高中思想政治教材整体分析　　　　　　　　　　　　　　121

　　二、思想政治模块内容介绍　　　　　　　　　　　　　　　　126

　　三、思想政治教材使用建议　　　　　　　　　　　　　　　　154

第四章　中学思想政治教学设计　　　　　　　　　　　　　　159

第一节　思想政治教学设计概述　　　　　　　　　　　　　　　159

　　一、中学思想政治教学设计的目标　　　　　　　　　　　　　160

　　二、中学思想政治教学设计的一般要素　　　　　　　　　　　161

　　三、中学思想政治教学设计的基本程序　　　　　　　　　　　164

第二节　初中道德与法治教学设计案例　　　　　　　　　　　　174

　　一、优秀案例1："法治让生活更美好"的体验式学习

　　　　——"法律为我们护航"教学设计　　　　　　　　　　　174

二、优秀案例2：责任意识培养的议题式教学设计
　　——"服务社会"教学设计及点评　　181

第三节　高中思想政治教学设计　　185
　　一、基于大概念教学的教学设计　　187
　　二、例谈辨析式议题的教学设计　　194
　　三、优秀案例：综合探究课的教学设计　　201

第五章　中学思想政治课程资源　　208

第一节　中学思想政治课程资源的特点及开发原则　　208
　　一、中学思想政治课程资源的特点　　209
　　二、中学思想政治课程资源的开发原则　　210
第二节　中学思想政治课程资源开发途径　　213
　　一、坚持正确导向，精选优质资源　　213
　　二、彰显集体智慧，共享素材资源　　214
　　三、发挥身教效应，利用教师资源　　215
　　四、激发主体意识，巧用学生资源　　216
　　五、助力特色发展，开发校本课程　　217
　　六、培育家国情怀，挖掘乡土资源　　218
第三节　中学思想政治课程资源的应用　　219
　　一、利用网络资源为思想政治教学服务　　219
　　二、利用电视、报纸、杂志资源为思想政治教学服务　　220
　　三、利用社会实践资源为思想政治教学服务　　221

参考文献　　224

第一章
中学思想政治课程原理

思想政治课程与教材分析属于学科教学论的范畴，它是以思想政治课程(学科)与教材(教学)作为研究对象的。从我国目前教育的实际情况来看，所谓的思想政治课程主要包括小学、初中阶段的"道德与法治"、高中阶段的"思想政治"，以及大学阶段的"思想政治理论课"。本书重点探讨的是中学阶段(含初中和高中)的思想政治课程与教材的相关问题。

本章主要介绍有关中学思想政治教育课程的基本原理和基础知识。中外教育家对课程有着多种解释。一般认为，课程是学校教育的实体或内容，它规定学校"教什么"和学生"学什么"，在教育活动和教学研究中具有极为重要的作用。本书所涉及的课程概念主要是从学科的意义上来讲的，简单理解，就是"学科即课程"。基于此，我们所谓的思想政治课程，主要是指在中学课程体系中，具有明显的思想教育性质，肩负中学思想政治教育主任务，承载中学思想政治教育的主要内容，充当中学思想政治教育主渠道的课程。简单讲，也就是人们通常所说的中学政治课。

第一节 中学思想政治课程的历史发展

中学思想政治课程与教材分析，是以中学思想政治课程作为主要研究对象的，其形成和发展与我国中学思想政治课的历史发展息息相关。正是在中学思想政治课不断改革和发展的过程中，中学思想政治课程与教材分析才得以进步和完善。因此，我们首先有必要对中学思想政治课程的发展历史做一个简要回顾。

众所周知，思想政治教育是社会或社会群体用一定的思想观念、政治观点、道德规范，对其成员施加有目的、有计划、有组织的影响，使他们形成符合一定社会要求的思想品德的社会实践活动。[1] "思想政治教育"这一概念，虽然中国古代和外国都不曾使用，但包括政治教育、思想教育、道德规范教育在内的思想政治教育活动，却是人类进入文明时代以来普遍存在的社会现象。我们认为：在人类历史上，思想政治教育虽无其名，却有其实。对于这一点，古今中外，概莫能外。例如，中国古代的儒家礼仪教化，欧洲中世纪的宗教神学宣传，都属于广义上的思想政治教育范畴。[2] 因此，所谓的思想政治教育可理解为统治者通过思想教育、伦理教育、道德规范教育达到一定的政治目的，以维护社会稳定与统治秩序的行为。

基于这样的认识，与思想政治教育相关或相近的概念有德教、教化、德育、意识形态教育、思想道德教育，等等。中国是一个文明古国，传统政治文化极为发达，思想政治教育的传统源远流长。古代各级官学、乡村私塾以及地方官员、社会贤达、基层乡老等，都肩负德育教化的职责，因此都带有思想政治教育的色彩。但必须指出的是，思想政治教育的历史尽管在中国由来已久，但作为一般意义上的专门课程设置，则始于近代晚清时期。

---

[1] 陈万柏，张耀灿．思想政治教育学原理[M]．北京：高等教育出版社，2001：4．
[2] 中国古代和外国是否存在思想政治教育，目前学界尚存在一定争议。编者认为，思想政治教育的含义有广义和狭义之分。广义的思想政治教育应该包括一切时代的意识形态教育。相关讨论，参见白贤《从"忠君"到"为民"：中国古代思想政治教育的历史镜鉴》，《教育与教学研究》2019年第11期。

一、近代思想政治课程的产生与发展

学者一般认为，我国思想政治课程的设置，发端于清末的学制改革。

(一)晚清时期思想政治课程的出现

1901年，清政府为了挽救内外危机，遏制革命形势的发展，开始了所谓的"新政"运动。1903年，随着新政的不断深入，清政府颁布《奏定学堂章程》（以下简称《章程》）。在该《章程》中，第一次规定在中等学堂开设政治和道德教育的课程，当时称之为"修身科"和"读经讲经科"。其中，修身科主讲《五种遗规》（即《养正遗规》《训俗遗规》《教女遗规》《从政遗规》《在官法戒录》），读经讲经科主讲"中国之经书"。[①]

这样的课程设置，使政治和道德教育从传统时代"四书五经"的教育体系中分离出来，取得了独立的课程地位，标志着现代意义上思想政治课程的诞生。虽然这一时期的思想政治教育仍保留浓厚的封建伦理道德意味，但已经开始出现资产阶级的平等、自由等现代思想的渗透，这应该说是一种进步。

(二)民国时期思想政治课程的演变

1911年的辛亥革命推翻了清王朝的统治，建立了中华民国。1912年，在第一任教育总长蔡元培的主持下，开始改革原有的教育制度。中华民国教育部公布了《中学校令》和《中学校令施行规则》，宣布废除宣扬"忠君""尊孔"的所谓读经讲经科，而代之以"修身""法制经济"等课程。

1919年的五四运动给传统教育带来巨大冲击，由此推动了教育改革的进一步开展。1922年，中华民国政府颁布了《学校系统改革案》，其中加强了公民教育，主要表现为以"公民科"代替了"修身科"。除此之外，还开设了"人生哲学""社会问题"等课程，意在使学生"渐明人生之真相，与修养之方法"，

---

① 吴铎. 思想政治教育学[M]. 杭州：浙江教育出版社，1993：115.

了解和明白公共生活的性质，探讨公共生活中存在的问题及补救措施等。客观地说，这些课以培养新式的现代公民为宗旨，使中国的思想政治教育向前迈出了一大步。

1927年，以蒋介石为首的国民党右派取得政权后，开始竭力推行"党化教育"。1929年，南京国民政府修改教育体制，把教育宗旨确定为"根据三民主义，以充实人民生活，扶植社会生存，发展国民生计"，同时改"公民科"为"党义科"，主要教学内容包括"建国大纲浅说""建国方略概要""三民主义""五权宪法浅释""直接民权运用"等课程。此举受到许多进步人士的非议和不满。1932年，国民政府迫于压力，又将"党义科"改回"公民科"，课程内容包括政治、经济、道德等方面的内容，在实施中也开始注重课程的规范性、系统性以及知行合一，但核心内容依然不出"服膺党义，效忠党国"的范围，表现出鲜明的党化教育色彩。但就课程自身的发展而言，这一时期的中学思想政治课程在目标的确立、课程的安排以及课程的组织等方面，日渐倾向于规范和严密。

(三)根据地和解放区时期思想政治课程建设

中国共产党成立后，无论是在根据地还是解放区，都非常重视兴办教育，尤其注意思想政治教育课程的建设。

中国共产党对于中学思想政治课程的设置，始于抗日战争时期。抗战时期，各抗日根据地根据自己的实际条件，因地制宜地开设了各式各样的思想政治教育课程。如，《晋察冀边区中学暂行办法》明确规定：中学政治课开设"政治常识""三民主义与统一战线""时事政策"等课程；《陕甘宁边区暂行中学规章草案》规定：初中教学科目设"公民知识"，高中教学科目设"社会科学概论"和"哲学"。

解放战争时期，各解放区人民政府的教育行政部门根据斗争形势的需要，也十分注重中学政治课的开设。当时的华北人民政府颁布了《统一中学政治课程标准的规定》，规范了中学政治课的开设。在初一阶段开设"中国现状""中国革命"课程；初二阶段开设"世界现状""社会常识"课程；初三阶段开设"人生观""社会调查"课程；高一阶段开设"经济学""中国经济"课程；高二阶段开设"政治学"课程；高三阶段开设"新民主主义论""政治常识"课程。这些课程的设置与建设，为新中国成立以后中学思想政治课程体系的建立和发展提供了丰富的经验和启示。

二、新中国成立以来思想政治课程的改革与发展

新中国成立后，十分重视思想政治课程的建设。党将革命根据地和解放区关于思想政治课程建设的做法和经验推而广之，在全国大学、中学和小学教育中普遍开设了思想政治课，对学生进行思想政治教育和道德教育。

需要说明的是，新中国成立后，人们开始习惯于在日常生活中用"政治课"或"思想政治课"泛称中学教育中有关思想政治教育、道德法治教育的课程。这种称谓的出现，与我国政治意识形态教育发展的历史有关，因此有人误以为思想政治课是中国共产党的专属。但实际上正如前文所述，在人类古今中外的历史上，思想政治教育这一社会活动相当普遍，由来已久。简单理解，在特定的历史背景下，根据统治阶级的需要，按照一定的主流价值观，有计划、有目的地从事的一切有关思想教化、道德规范、政治认同的活动，都可以纳入思想政治教育的范畴。不可否认的是，在中国共产党的教育史上，尤其重视思想政治教育方面的工作，这也是其教育的特点和优势所在。无论是革命、改革还是建设年代，思想政治课程教育始终是中国共产党人武装思想、团结群众、集中力量，紧跟时代发展形势全方位育人，最终战胜一切艰难险阻的重要原因。因此，我们理应继续加强和发挥这一优势，重视中学思想政治课程的建设与发展。

因此，梳理新中国成立70多年来中学思想政治课程的历史轨迹，总结其

经验，有助于更好地落实新时代思政课立德树人的根本任务。①

(一)改革开放前思想政治课程体系的建立

新中国成立初期，第一次全国教育工作会议决定取消国民党的"公民""党义"课程，对全国学生开展党的政策教育和形势教育。

1950年，教育部印发了《中学暂行教学计划(草案)》，规定初高中各学年均设政治课。1951年，教育部发出《关于改定中学政治课名称和教学时数及教材的通知》，取消原教学计划中的政治课名称，开设分科的政治课。

1952年起，按照苏联模式，先后开设了"青年修养""中国革命常识""共同纲领""社会发展史""政治常识""社会科学基础知识"等课程，进行革命思想的宣传，对学生进行马列主义基本原理、共产主义原理和信念、无神论、革命传统、爱国主义和国际主义、时事政策、民族团结等思想政治教育，特别突出了革命传统和爱国主义教育方面的内容。

1957年，毛泽东在《关于正确处理人民内部矛盾的问题》一文中提出，"要恢复中学方面的政治课"，"编写新的思想政治课本"。教育部随后发出《关于中学、师范学校设置政治课的通知》，明确将课程总称为"政治课"，规定初一、初二讲"青少年修养"，初三讲"政治常识"，高一、高二讲"社会科学常识"，高三讲"社会主义建设"。1959年，教育部颁布了《中等学校政治课教学大纲(试行草案)》，在中学各年级开设了"道德品质教育""社会发展简史""中国革命和建设常识""政治常识""经济常识""辩证唯物主义常识"等课程，标志着中学思想政治课程体系在我国的基本建立。1960年后，《做革命接班人》《社会发展史》《辩证唯物主义常识》《我国社会主义革命和建设》《毛泽东著作选读》等教材先后出版，使中学思想政治课的教育功能得到了一定程度的加强。

---

① 冯建军. 守正创新，把好思想政治方向：新中国成立以来中学思政课的发展历程与经验启示[N]. 中国教育报，2019-09-25(9).

1949—1966年，是我国中学思想政治课的建设阶段，颁布了教学大纲，探索了思想政治课的分科名称及其内容体系，编写了统一的教材，确立了思想政治课在中学教育中的地位。但这种状况被随后发生的"文化大革命"打乱。1966年至1971年，中学政治课基本上停开。1972年至1976年，各地学校有的学习"毛主席语录"，有的学习马列著作，有的选学报刊文章，有的开展"批斗课"。

(二)改革开放以来中学思想政治课程的发展

改革开放以来，为顺应时代发展和社会变迁，我国对中小学的思想政治课程进行了大规模的调整和改革。与政治、经济上的拨乱反正相关联，中学思想政治课的教学得到了恢复。

1977年，教育部重新确定中学思想政治课：初一为"社会发展简史"，初二、初三为"科学社会主义常识"，高一为"政治经济学常识"，高二为"辩证唯物主义常识"。1980年，教育部印发《改进和加强中学政治课的意见》，对中学思想政治课进行了微调：初一设"青少年修养"，初二设"政治常识"(后改为"法律常识")，初三设"社会发展简史"，高一设"政治经济学常识"，高二设"辩证唯物主义常识"。

1982年，教育部制定、颁布了"青少年修养""社会发展简史""政治经济学常识""辩证唯物主义常识"等教学大纲，并先后编写了两套相应的教材。这一阶段中学思想政治课程的特点是：追求知识的规范化、系统化、科学性，突出了各学科的知识逻辑，同时渗透国情教育。在中学思想政治课的教学中，则表现为强调知识性教育，使思想政治课传递知识的功能在一定程度上超过了德育功能。

随着改革开放的不断深入，中学思想政治课表现出一些不适应社会发展的问题。1985年，中共中央发出《关于改革学校思想品德和政治理论课程教学的通知》。国家教委随后也发出《关于落实中学思想政治课改革实验的通知》，规定了新的课程设置方案，具体为：初一设"社会主义公民"，初二设"社会发展简史"，初三设"社会主义建设常识"，高一设"革命人生观"，高二设"经济常识"，高三设"政治常识"。1986年，国家教委公布了《中学思想政治课改革实验教学大纲(初稿)》，对课程名称进行了调整，其中："社会主义公民"改为"公民"，"社会主义建设常识"改为"中国社会主义建设常识"，"革命人生观"改为"共产主义人生观"。

1986年，我国颁布《义务教育法》，开始实施九年义务教育，初中阶段也被纳入义务教育体系中。1992年的《全日制中学思想政治课教学大纲(试行稿)》(以下简称《大纲》)已经区别初高中阶段各自的教学目标。该《大纲》首次按照初中与高中分别规定教学目标，也不再分设各年级的课程名称，统称为"思想政治"。1996年，国家教委颁布了《全日制普通高级中学思想政治课课程标准(试行)》，代替了原来的教学大纲。这一变化，意味着中学思想政治课关注的重点由教师教学转向学生发展、由重视知识体系的掌握转向基本思想政治素质的提高，在中学思想政治教育史上意义重大。

1997年国家教委印发了《九年义务教育小学思想品德课和初中思想政治课课程标准(试行)》，把小学思想品德与初中思想政治课作为一个整体考虑，并将教学大纲改为课程标准。2001年颁布的《基础教育课程改革纲要》提出"整体设计九年一贯课程体系"，初中开设思想品德课。从此，初中"思想政治"改为"思想品德"。

2003年5月，教育部颁发了全日制义务教育《思想品德课程标准(实验稿)》，标志初中阶段的新课程正式启动。自此，初中阶段的思想品德课程设置了3个学习模块，包括：成长中的我，我与他人的关系，我与集体、国家和社会的关系。

2004年3月，《普通高中思想政治课程标准(实验)》颁行，高中思想政治课采用了模块化设计，其中必修课是4个模块：经济生活、政治生活、文化生活、生活与哲学；选修课 6 个模块：科学社会主义常识、经济学常识、国家和国际组织常识、科学思维常识、生活中的法律常识、公民道德与伦理常识。这一时期的思想政治课改革是在素质教育大背景下启动和开展的，课程标准面向大多数学生，着眼于学生素质的全面提高，关注课程实施过程与弹性课程管理等方面的课程转向，突出体现了大众教育的价值理念。

与之前的高中思想政治课相比，新课程表现出以下几方面的鲜明特点：

一是在课程目标方面，实现了课程功能的转变，树立了以学生发展为本位的课程教学价值观，突出了生本思想和生命教育。新课程的培养目标具体表现为：使学生具有爱国主义、集体主义精神，热爱社会主义，继承和发扬中华民族的优良传统和革命传统；具有社会主义法治意识，遵守国家法律和社会公德；形成正确的世界观、人生观、价值观；具有社会责任感和为人民服务的意识；具有初步的创新精神、实践能力、科学常识、人文素养和环保意识；具有终身学习的基本知识、基本技能和基本方法；具有健康的体魄和良好的心理素质，养成健康的审美情趣和生活方式，成为有理想、有道德、有文化、有纪律的新一代。

二是在课程结构方面，体现出课程综合化的特点。改变以往过分强调学科体系严密性的倾向，采用专题式知识结构，突出重点问题和模块教学。

三是在课程内容方面，密切了课程与生活之间的联系。改变以往课程内容"繁、难、偏、旧"的现状，突出了知识的更新及其与生活之间的联系。

四是在课程实施方面，改变了学生的学习方式。突出学生的自主学习和研究性学习，教师则成为学生学习的引导者、合作者和辅助者。

五是在课程评价方面，逐步建立起发展性的评价体系。改革过去过于重视终结性评价的做法，突出过程性评价，倡导"寓评价于教学之中"的理念。

六是在课程管理体制方面，实行三级管理制度。改革课程管理过于集中的现象，鼓励各个地区因地制宜，开发适合本地特点的校本课程和乡土教材。

自2001年实施新课程改革以来,开始用不同的名称来称呼不同阶段的思想政治课程。如小学阶段的思想政治课程称为"品德与生活"和"品德与社会",初中阶段的思想政治课程称为"思想品德",高中阶段的思想政治课程则称为"思想政治"。而且,高中的思想政治课开始打破原有的学科知识体系,开始了模块化的课程结构,主要包括"经济生活""文化生活""政治生活"和"生活与哲学"等必修课程,以及"科学社会主义常识""经济学常识""国家和国际组织常识""科学思维常识""生活中的法律常识""公民道德与伦理常识"等选修课程。

改革开放以来,经过多年的基础教育新课程改革,初中和高中的思想政治课程体系不断得以丰富和完善,而且体现出相互间的衔接与互补之势。初中的思想品德课程突出了德育的基础性、实践性和综合性,主要包括思想教育、法律教育、心理健康教育、国情教育以及道德品质教育等相关内容;高中的思想政治课程则突出了知识性、思想性、理论性等学科特点,是在充分考虑学生成长的基础上,对初中思想政治教育的进一步发展。

(三)中国特色社会主义新时代中学思想政治课程的新发展

中国特色社会主义进入新时代,这是我国现阶段所处的新的历史方位。习近平总书记在党的十九大报告中指出:"青年一代有理想、有本领、有担当,国家就有前途,民族就有希望。"[1]进入新时代以来,为顺应国内外新形势的发展,中学思想政治课程也进入了新一轮的改革。

2016年,九年义务教育德育课程统一更名为"道德与法治",初中为七至九年级。七至九年级的"道德与法治"把道德教育、法治教育、心理健康、国情教育等融合起来,突出社会主义核心价值观、中华优秀传统文化和革命传统等方面的教育。"道德与法治"教材改变了以往"一标多本"的局面,开始由

---

[1] 习近平. 决胜全面建成小康社会,夺取新时代中国特色社会主义伟大胜利:在中国共产党第十九次全国代表大会上的报告[M]. 北京:人民出版社,2017:70.

教育部统一组织编写，经国家教材委员会审定，全国中学统一使用。该教材自2017年在七年级开始使用，到2019年基本实现了全覆盖。

2022年，《义务教育道德与法治课程标准(2022年版)》颁布，标志着初中的思想政治课程改革进入了全新的历史征程。

面对新时代对提高全体国民素质和人才培养质量的新要求，教育部2017年底出台了《普通高中思想政治课程标准(2017年版)》。在2018年的全国教育大会和2019年的十九届四中全会召开后，又对2017年版的课程方案和标准进行了补充完善。相比原有课程标准，《普通高中思想政治课课程标准(2017年版2020年修订)》的最大变化是凝练了学科核心素养。高中思想政治课的性质被规定为帮助学生确立正确的政治方向、提高思想政治学科核心素养、增强社会理解和参与能力的综合性、活动型学科课程。新课标对高中思想政治课的模块进行了调整。其中，必修课以发展中国特色社会主义为主线，设计了"中国特色社会主义""经济与社会""政治与法治""哲学与文化"四个模块；选择性必修设置了"当代国际政治与经济""法律与生活""逻辑与思维"三个模块；选修设置了"财经与生活""法官与律师""历史上的哲学家"三个模块。

高中思想政治由教育部组织编写统编教材，并于2019年9月率先在北京、天津、辽宁、上海、山东、海南等6个省市普通高中起始年级投入使用，其他省份也随后相继开始使用新编教材。

党的二十大以来，各项事业迎来了新的蓬勃发展，中学思想政治教育也面临新的历史使命和时代重任。相信在党的领导下，在中华民族伟大复兴的历史进程中，中学思想政治课将会实现更好、更快地发展，在为党育人、为国育才方面，发挥更大更强的作用。

第二节 中学思想政治课程的性质和理念

思想政治课程的性质是实施课程教学、推进教学改革、进行教学评价的基本依据，是学科教学理论课程研究的基本问题之一。因此，明确并理解中学思想政治课程的性质，非常有必要。

一、中学思想政治课程的性质

关于思想政治课程的性质，曾经是个颇具争议的话题。概括而言，主要存在"德育说"和"智育说"两种看法。我们认为，这两种看法都是不全面的，没有道出思想政治课程的本质属性。按照新课程的理念，中学思想政治应该是以德育为主，同时兼具智育的一种综合性、活动型课程。

（一）中学思想政治课程的综合性

按照最新版思想政治课程标准的说法，初、高中阶段的思想政治课程都是落实立德树人根本任务的关键课程，其中，初中的道德与法治课程旨在"提升学生思想政治素质、道德修养、法治素养和人格修养等，增强学生做中国人的志气、骨气、底气，为培养以实现中华民族伟大复兴为己任的有理想、有本领、有担当的时代新人打下牢固的思想根基。课程具有政治性、思想性和综合性、实践性"[1]。高中阶段的思想政治课则是"以培育社会主义核心价值观为目的，是帮助学生确立正确的政治方向、提高思想政治学科核心素养、增强社会理解和参与能力的综合性、活动型学科课程"[2]。

---

[1] 中华人民共和国教育部. 义务教育道德与法治课程标准：2022 年版[M]. 北京：北京师范大学出版社，2022：1. 所谓活动型学科课程，是指学科课程的内容采取活动设计的方式呈现，包括社会活动，即"课程内容活动化"，也可理解为"活动设计内容化"。新课标教材从"探究与分享"的栏目切入，并且在每个单元设计"综合探究"，就是这种活动型课程理念的突出体现。

[2] 中华人民共和国教育部. 普通高中思想政治课程标准：2017 年版 2020 年修订[M]. 北京：人民教育出版社，2020：1.

我国是人民当家做主的社会主义国家，决定了中学思想政治课是一门以社会主义德育为主要目标的政治性、思想性、综合性、实践性课程。这是因为：

一是从课程目标来看，中学思想政治课程是以立德树人为首要任务的基础德育课；二是从知识内容来看，思想政治课是以马列主义为核心，涵盖政治学、经济学、社会学、哲学、法学、伦理学等诸多学科领域的人文社会科学常识课；三是从活动方式来看，思想政治课既是一种学科课程，又是一种活动课程；四是从表现形式来看，思想政治课是一种完整形态的显性课程。

总而言之，中学思想政治课是以德育为首要任务，同时融政治性、思想性、人文性、实践性于一体的综合性育人课程。

(二) 中学思想政治课程的德育性[①]

中学思想政治课程与一般课程而言，有其非常特殊的一面。我们必须明确：作为一门综合性的育人课程，中学思想政治课程的德育性质更为突出，这是我们进行课程分析时的一个立足点。其主要表现在以下几个方面：

1. 从历史发展角度看，中学思想政治课具有德育属性

前面已经多次谈到，从我国历史的实际情况来看，古代社会虽然还没有思想政治课、思想政治教育、德育等这样的名称和提法，但对受教育者进行思想教育、政治教育、道德规范教育的思想和做法却早已有之，而且理论和经验也极为丰富，尤其以儒家思想政治教育的理论流传最广、影响最大。[②] 中国古代思想政治教育的丰富资源，为中国共产党提供了极为宝贵的经验。在革命根据地时期，学校教育就已把思想政治课作为一门重要课程来开设，以适应中国革命和现实的需要。新中国成立后，思想政治课在各级各类学校中更得到了普遍开设。可以说，思想政治教育课程在学校课程体系中占有重要地位，成为对学生实施德育的主要阵地。

---

① 刘强. 思想政治学科教学新论：第二版[M]. 北京：高等教育出版社，2019：38-40.
② 赵康太，李英华. 中国传统思想政治教育理论史[M]. 武汉：华中师范大学出版社，2006：2.

从西方国家对人的教育情况来看，思想政治教育的德育属性也是非常明显的。从古希腊、罗马时期开始，到中世纪的封建时代和文艺复兴时期，乃至近代资本主义社会，都十分重视对受教育者进行思想政治教育。许多声名显赫的思想家和教育家的思想中也蕴含着丰富的思想政治教育因素。近年来，西方国家普遍关注学校的德育，往往把思想品德教育称为"德育投资"。

如今，对受教育者进行公德教育、纪律教育、劳动教育、集体意识教育、爱国主义教育以及现代公民教育，已经成为一个世界性的潮流。无论是侧重公民的思想品德素质教育，还是注重公民的思想政治素质教育，归根到底，都是以培养符合时代发展、具有独立人格的现代公民为最终目的。

2. 从课程内容角度看，中学思想政治课具有德育属性

中学思想政治课的教学内容，包括知识教育和做人教育两大方面。

从知识教育来说，是对学生进行马克思主义基本理论知识和其他社会科学知识的教育。就我国目前中学思想政治课程的设置而言，在初中阶段，主要是对学生进行思想品德教育、心理健康教育、法律常识教育、社会发展常识教育、社会主义建设常识教育、我国基本国情教育等。高中阶段，主要是对学生进行马克思主义政治经济学常识教育、哲学常识教育、政治学常识教育、社会主义市场经济理论教育等。

从做人教育来说，主要是对学生进行思想品德和行为规范的教育。包括对初中生和高中生进行心理品质教育、社会主义民主法治教育、社会发展规律教育、劳动观教育、世界观教育、人生观教育、价值观教育、道德观教育、社会主义核心价值观教育、时事政策教育以及良好的行为习惯培养等。

从以上两方面的教学内容可以看出，无论是知识教育还是做人教育，都是德育范畴内的教育，或者说，是德育范围内的德育知识教育、德育目标教育或德育任务教育。因此，从课程内容的角度而言，中学思想政治课程具有德育属性。

3. 从学科特点角度看，中学思想政治课具有德育属性

思想政治课程与其他学科不同，它有自身的几个突出特点：

一是具有鲜明的阶级性。思想政治学科是以马克思列宁主义、毛泽东思想、邓小平理论、"三个代表"重要思想、科学发展观、习近平新时代中国特色社会主义思想为理论指导和基本教学内容的课程。在整个教学过程中，始终要坚持以马克思主义为指导，坚持无产阶级思想，反对资产阶级思想。这种鲜明的阶级性，要求教师必须具有坚定的无产阶级立场，鲜明的无产阶级观点，高尚的无产阶级道德品质。

二是具有理论教育性。思想政治课程纳入学校教学计划，以课堂教学为基本形式，以基础知识教学为前提，对学生进行思想政治教育和道德品质培养，因而与学校其他形式的思想政治工作具有极大的不同。

三是具有德育的主导性。思想政治课的教学是一种直接的德育，它以思想政治教育和道德品质培养为根本目的，从而体现出德育的主导性。

四是具有强烈的实践性。思想政治课是中国共产党在长期的革命斗争和社会主义革命与建设中产生和发展起来的，因而其课程设置、教学内容、教学方法等必须随着社会实践的发展而发展，并为中国特色社会主义现代化建设服务。可以说，实践性是思想政治学科发展的源泉和动力。

从以上阶级性、理论教育性、德育主导性以及实践性等学科特点不难看出，思想政治课具有德育属性。

4. 从课程实施角度看，中学思想政治课具有德育属性

学校是教书育人的地方，对学生实施德育是学校各项工作的重要方面。做好这项工作，途径虽然有很多，但其中最重要、最根本的途径是思想政治学科的课堂教学。思想政治课是向学生系统地进行思想政治教育的一门课程，在诸多途径中居于特别重要的地位，对帮助学生树立正确的政治方向、正确的人生观和思想方法，培养良好的品德起着导向性的作用。这是因为：

第一，中学思想政治课程有一个完整的教材体系，而这一教材体系又是以马克思列宁主义、毛泽东思想、邓小平理论、"三个代表"重要思想、科学发展观、习近平新时代中国特色社会主义思想为指导，结合中学德育的需要，按照学生的知识水平和年龄特征编写而成的。

第二，只有通过中学思想政治学科的课堂教学，才能更好地完成德育任务，实现德育目标。

第三，从事中学思想政治学科课堂教学的是一些训练有素的专业政治教师，他们能够按照德育目标和要求，依据教材的基本内容和逻辑理路，由浅入深、循序渐进、理论联系实际地对学生进行知识教育和品德教育。

由此可见，思想政治课在课程实施中，作为立德树人的根本途径，有着特殊重要地位，这充分反映了思想政治课的德育属性。

5. 从表现形式角度看，中学思想政治课是一种显性德育

思想政治课是以德育为主要目标的综合性的育人课程，是一种特殊的德育课。

从具体的表现形式上来看，学校德育有两种基本形式，即显性德育和隐性德育。显性德育也称专门性德育，包括专门性学科德育和专门性活动德育；隐性德育也叫渗透性德育，包括学科性渗透德育、活动性渗透德育和校园文化渗透德育。隐性德育的特点是偶然性、潜在性、多样性、非预期性；显性德育的特点则是目的性、计划性、组织性和专门性。

思想政治课作为一种专门的德育课程，它具有专门的内容和形式。如专门的德育目的、专门的德育内容、专门的教师、专门的德育方法，以及表现为物质形态的课程计划、课程标准、专门教材、教学规划、课程表，教学活动方式等，并通过以上形式，自觉地有目的有计划地培养学生的思想品德修养，帮助学生树立科学的世界观、人生观、价值观。因此，中学思想政治课具有目的性、计划性、组织性、专门性，是一种典型的显性德育。

现阶段，坚持和发展中国特色社会主义，实现中华民族的伟大复兴，需要德智体美劳全面发展的合格建设者和可靠接班人。基于此，学校教育必须以德育、智育、体育、美育、劳动教育为主要内容，而德育毫无疑问居于首位。德育对于保证社会主义现代化人才培育的正确方向、促进中学生健康而全面地发展起着决定性的作用。中学阶段学生的主要德育渠道，就是思想政治课程。

二、中学思想政治课程的基本理念

中学思想政治课程的性质决定了它的课程理念。对课程理念的认识，直接影响到教学行为的实施及其效果。最新版的思想政治课程标准中，对初、高中思想政治课的课程理念做了明确规定。

（一）初中思想政治课程理念①

2022年版的《义务教育道德与法治课程标准》，对初中阶段的思想政治课程理念，做了如下五个方面的规定：

1. 在课程功能上，以立德树人为根本任务，发挥思想政治课程的思想引领作用

第一，以马克思列宁主义、毛泽东思想、邓小平理论、"三个代表"重要思想、科学发展观、习近平新时代中国特色社会主义思想为指导，引导学生理解并运用马克思主义的立场、观点、方法观察时代、把握时代、引领时代的意义，形成正确的世界观、人生观、价值观，践行和弘扬社会主义核心价值观。

第二，坚定理想信念，厚植爱国主义情怀，增进对伟大祖国、中华民族、中华文化、中国共产党、中国特色社会主义的高度认同。要把爱国情、强国

---

① 冯建军. 义务教育道德与法治课程理念[J]. 课程·教材·教法，2022(6)：20-21.

志、报国行自觉地融入坚持和发展中国特色社会主义事业、建设社会主义现代化强国、实现中华民族伟大复兴的奋斗进程之中。

第三，坚持道德与法治课程的思想与价值引领，着力引导学生用理想之光照亮奋斗之路、用信仰之力开创美好未来，发挥道德与法治课程在落实立德树人根本任务中的关键作用。

2. 在课程结构上，遵循育人规律和学生成长规律，强化课程的一体化设计

道德与法治课程以"成长中的我"为原点，将学生不断扩大的生活和交往范围作为建构课程的基础；遵循学生身心发展特点和成长规律，按照大中小学德育一体化的思路，依据我与自身，我与自然、家庭、他人、社会，我与国家和人类文明关系的逻辑，以螺旋上升的方式组织和呈现教育主题，强化思想政治课程设计的整体性。

3. 在课程内容上，以社会发展和学生生活为基础，构建综合性课程

第一，立足于发展学生核心素养，以引导学生学习和掌握道德与法律的基本规范，提升学生思想政治素质、道德修养、法治素养和人格修养为主旨，坚持学科逻辑与生活逻辑相统一，主题学习与学生生活相结合。

第二，内容选择上体现社会发展要求，特别是中国特色社会主义进入新时代对道德与法治教育提出的新要求，突出中华民族传统美德、革命传统和法治教育，有机整合社会主义先进文化教育、革命文化教育、中华优秀传统文化教育、国家安全教育、生命安全与健康教育、劳动教育等相关主题。

第三，以学生的真实生活为基础，增强内容的针对性和现实性，突出问题导向，正视关注度高、涉及面广的问题，引导学生发现问题、分析问题、解决问题，提升道德理解力和判断力，强化规则、纪律、秩序、诚信、团结合作、冲突解决等方面的教育。

4. 在课程实施上，坚持教师价值引导和学生主体建构相统一，建立校内

与校外相结合的育人机制

第一，课程教学遵循道德修养和法治素养的形成规律，坚持教师主导与学生主体相统一的原则。教师要发挥主导作用，晓之以理、动之以情、导之以行，做到价值性和知识性相统一、灌输性和启发性相统一。突出学生主体地位，充分考虑学生的生活经验，通过设置议题、创设多样化的学习情境，引导学生开展自主、合作的实践探究和体验活动，帮助学生形成正确的价值观，涵养必备品格，增强规则意识，发展社会情感，提升关键能力，使他们在感悟生活中认识社会，学会做事，学会做人，把道德与法治教育的方向引领和学生的发展有机统一起来。

第二，坚持校内教育和校外教育相结合的原则，引导学生走出课堂、走出校园，积极参与社会实践活动，把知识运用于社会，服务于人民，强化学生的社会责任感，提高学生的实践创新能力。

5. 在课程评价上，以核心素养为导向，综合运用多种评价方式，促进知行合一

第一，课程评价要围绕发展学生核心素养，发挥评价的引导作用，改进结果评价，强化过程评价，探索增值评价。结果评价要全面关注知识、情感和行为的发展，关注学生在学校、家庭和社会生活中的日常品行表现；过程评价要更加关注评价的激励和改进功能；增值评价要关注学生思想品行的发展和进步，注重对学生的激励。

第二，坚持学生自我评价、教师评价、同伴评价、家长评价和社区评价相结合，借助信息技术探索和优化纸笔测试、学生成长记录袋、日常行为表现记录卡等定性和定量多种评价方式，提升道德与法治课程评价的科学性、专业性、客观性。

综上，初中道德与法治的课程理念体现为：在课程功能上，以立德树人为根本任务，发挥课程铸魂育人的思想引领作用；在课程结构上，遵循育人

规律和学生成长规律，强化课程一体化设计和课程的整体性；在课程内容上，以社会发展和学生生活为基础，构建综合性、实践性课程；在课程实施上，坚持教师价值引导和学生主体建构相统一，建立校内与校外相结合的育人机制；在课程评价上，以核心素养为导向，改进结果评价，强化过程评价，综合运用多种评价方式，促进知行合一。

(二) 高中思想政治课程的基本理念

《普通高中思想政治课程标准(2017年版2020年修订)》对高中思想政治课程理念做了如下四个方面的规定：

1. 坚持正确的思想政治方向

高中思想政治课程坚持理论与实践相结合的原则，对学生进行马克思主义基本理论教育，用习近平新时代中国特色社会主义思想铸魂育人，培养德智体美劳全面发展的社会主义建设者和接班人，使学生理解马克思主义中国化就是马克思主义基本原理同中国具体实际相结合的过程，习近平新时代中国特色社会主义思想就是马克思主义中国化的最新成果。

面对当前社会变革和实践创新中的新挑战、新问题，要引导学生学会用历史的眼光、国情的眼光、辩证的眼光、文化的眼光和国际的眼光，通过观察、辨析、反思和实践，真学真懂真信真用马克思主义，在人生成长的道路上把握正确的思想政治方向。

2. 构建以培育思想政治学科核心素养为主导的活动型学科课程

高中思想政治课程力求构建学科逻辑与实践逻辑、理论知识与生活关切相结合的活动型学科课程。

学科内容采取思维活动和社会实践活动等方式呈现，通过一系列活动及其结构化设计，实现"课程内容活动化"和"活动内容课程化"。

课程关注思想政治学科核心素养的培育，坚持教育与生产劳动和社会实践相结合，着眼于学生的真实生活和长远发展，使理论观点与生活经验、劳动经历有机结合，让学生在社会实践活动的历练中、在自主辨析的思考中，感悟真理的力量，自觉践行社会主义核心价值观。

3. 尊重学生身心发展规律，改进教学方式

高中思想政治课程针对高中学生思想活动和行为方式的多样性、可塑性，着力改进教学方式和学习方式。

在课程实施中，要充分利用现代信息技术，拓展教育资源和教育空间；要通过议题的引入、引导和讨论，推动教师转变教学方式，使教学在师生互动、开放民主的氛围中进行；要通过问题情境的创设和社会实践活动的参与，促进学生转变学习方式，在合作学习和探究学习的过程中，培养学生的创新精神，提高他们的实践能力。

4. 建立促进学生思想政治学科核心素养发展的评价机制

中学思想政治课程要紧紧围绕学科核心素养的形成与发展，建立激励学生不断进步的发展性评价机制。

要注重学生学习、劳动和社会实践活动的行为表现，采用多种评价方式，综合评价学生的理论思维能力、政治认同度、价值判断力、法治素养和社会参与能力等，全面反映学生思想政治学科核心素养的发展状况。

通过上述的课程理念不难看出，新时代中学思想政治课程在立德树人、素质教育、促进学生的全面发展方面，起着极为重要的作用。中学思想政治课是立德树人的关键课程、素质教育的核心课程、全面发展的基础课程，在基础教育阶段所开设的课程中，发挥着独特的、不可替代的关键性作用。

第三节　中学思想政治课程的功能和任务

中学思想政治课程的功能，是指思想政治学科本身所具有的效能。中学思想政治课程的任务，是指思想政治学科对学生进行教育时所担负的职责。

对中学思想政治课程的功能和任务进行科学分析，有助于我们认识和理解中学思想政治课程的学科价值和意义。

一、中学思想政治课程的功能

课程性质和课程功能密切相关，课程功能反映课程性质，课程性质只有通过其外显的功能才能够被人们把握。因为任何事物的性质都是抽象的，难以直接观察到，只有通过其外显的功能才能被感知。中学思想政治课程的功能包括以下几个方面：

（一）导向性功能

所谓导向性功能，是指中学思想政治学科的教学能够在某种程度上对中学生进行某种性质的引导。中学思想政治学科的导向性功能主要包括：目标导向、价值导向和行为导向。

1. 目标导向

中学思想政治课程的目标导向是指思想政治课教师通过教学活动把中学生的政治、思想、道德品质等发展的倾向性向教师预设的目标进行引导，并产生教师所期望的教育效果。中学思想政治课程目标导向的内容非常丰富，大体可以分为以下几个层次：

第一层次：引导中学生以学会做人、遵守社会公德、热爱他人与社会、具有完美的人格和积极的人生态度等为目标。

第二层次：引导中学生以具有较高的理论修养、正确的政治方向、高尚的道德品质等为目标。

第三层次：引导中学生以树立崇高的理想信念，具有坚定的共产主义信仰，坚持走中国特色社会主义道路，坚持实事求是、与时俱进、守正创新等为目标。

当然，因为学生存在个体的差异性，要引导每个中学生都达到这些目标是有一定难度的。最终无论是哪个层次的目标导向，当其引导的目标达到时，其所要引导的内容就将逐步被学生所认同并接受，这是一个渐进完成的过程。

2. 价值导向

思想政治课程的价值导向，是指通过中学思想政治学科的教学，把教育内容向有用的、有意义的方向引导。中学思想政治学科在教学中的价值导向内容包括：

第一，马克思列宁主义、毛泽东思想、邓小平理论、"三个代表"重要思想、科学发展观、习近平新时代中国特色社会主义思想，这是其价值导向的核心。

第二，改革开放以来在各方面所形成的新思想和新观念。

第三，我国的优秀文化传统和人类的一切优秀文明成果。

3. 行为导向

思想政治学科的行为导向，是指通过教学对中学生的某些行为进行某种倾向性的引导，使其行为具有某种积极意义，达到真、善、美的要求。中学思想政治课程的行为导向从内容上来说，包括人格导向和行为导向两种。

人格导向是指通过树立榜样，以榜样的人格魅力来感动和影响学生。人格导向对中学生影响的时效性较长，尤其是当中学生通过学习榜样，将榜样的人格力量内化为自己的意识和行为动机时，这种人格力量才会长期影响他们的思想和行为，并使他们的人格走向完善。

行为导向的核心是楷模，这些楷模可以是群体性楷模，也可以是个体性楷模。以此作为行为导向的目标，就可以使中学生选择正确的和积极的行为。行为导向是指教师引导中学生效仿一系列已整合好的行为，并使他们按此行为去行动。某一个体行为，当其正确性和积极性得到了群体的效仿和社会的认可，这种良好的行为就被提升到行为方式的程度。中学思想政治学科的教学目的，就是要引导中学生按照这种行为方式去行动。

(二)规范性功能

思想政治学科的教学内容是我国社会主义意识形态的重要体现,对学生的思想和行为具有极为重要的规范性功能。中学思想政治课程的规范性功能,表现在以下几个方面:

1. 对政治方向的规范

所谓政治方向,是指政治理想、政治信念、政治立场、政治态度、政治品质等的综合表现。对政治方向的规范,是要使中学生在政治方向上能达到一定的要求。具体而言,是要使中学生努力做到政治理想远大,政治信念持久,政治立场坚定,政治态度鲜明,政治品质优良。

2. 对思想观念的规范

对中学生思想观念的规范,是要求他们要更新不合时宜的旧观念、旧意识,树立与时代发展相适应的新观念、新意识、新品德。目前,规范中学生思想观念的内容主要表现为:树立正确的政治思想意识,树立马克思主义的科学的世界观、人生观、价值观,拥有更加自觉地为中华民族伟大复兴而努力奋斗的意识。

3. 对道德行为的规范

思想政治学科对中学生的行为进行规范,就是要求他们按一定的要求学会做人。具体来说,就是要做品德高尚、遵纪守法、爱党爱国、人格完善、身心健康和具有良好生活习惯的人。中学思想政治课程对中学生的思想和行为做出的正面规定和引导,就是要预防他们在行动时无章可寻,与此同时,也防止他们的行动向错误的方向发展。

(三)个性化功能

中学思想政治学科的个性化功能,是指思想政治学科对中学生的个性发展所产生的实际影响和作用。思想政治学科在素质教育中极为重视中学生的个性化教育，心理学、社会学、伦理学、经济学等马克思主义常识和社会科学常识的一系列教育，足以表明这一课程具有很强的知识性。因此，中学思想政治课程在学生的个性化发展中起着极其重要的作用。具体包括：

1. 定向作用

人的世界观、人生观、价值观、道德观以及理想、信念等，既是人的个性心理品质结构和思想品质结构的核心要素，也是思想政治教育的核心内容。中学思想政治课程正是通过对中学生进行人生目标取向正确性、合理性的教育引导，进而对他们的个性化发展起到积极的影响。之所以如此，一是由思想政治教育的性质所决定。思想政治教育主要是对人进行社会主义核心价值观教育。二是由个性理论和方法本身的性质所决定的。每个人在社会生活中都有意无意地塑造着自己的个性。中学思想政治教育在培养个体的良好个性品质、摒弃不合乎个体自身发展和社会发展的特质中，起着重要的塑造作用，保障学生作为社会性的人的心理、品质、性格沿着正确方向发展。

2. 合理建构作用

人的个性发展是不断趋向完善的，所以个性发展需要不断建构。心理学研究表明，人的个性化发展是由各方面的特质建构而成的统一整体。如果这一整体的某一方面的特质出现问题，受教育者个性化的和谐发展就会受到影响。中学思想政治教育可以帮助学生从整体上认识个性问题，树立科学正确的个性发展观，摒弃对个性的种种偏见，形成对个性的正确理解，引导他们正确对待自己积极或消极的个性品质，矫正和克服不良个性品质，构建良好个性品质。

3. 个体享用作用

所谓个体享用作用，是指思想政治课程教学使受教育者的个性得到充分发展，使他们从中体验满足、快乐和幸福，从而获得一种精神上的享受。在现实生活中，许多人把做人的价值放在自然生命的价值之上，把奉献看作是一种人生的幸福,这就是个体享用作用的现实体现。这也是受教育者实现个性化发展的精神需求。中学思想政治教育就是要满足个体发展的精神需求,为人的个性完善创造条件、提供帮助,引导学生的个体发展,张扬人的个性,鼓励鞭策学生在正确方向上去思考、选择、行动,使学生成为具有良好鲜明个性的时代新人。

二、中学思想政治课程的任务

中学思想政治课程的教学任务,主要是指义务教育道德与法治课和普通高中思想政治课在思想政治教育中所担负的职责。义务教育和普通高中思想政治课程标准对思想政治课程的教学任务做了明确的规定。

(一)基本理论教育的任务

通过教学,使学生掌握马克思列宁主义、毛泽东思想、邓小平理论、"三个代表"重要思想、科学发展观、习近平新时代中国特色社会主义思想的基础知识和党的路线、方针、政策等,这是中学思想政治课程教学的基本任务。

我们必须认识到,马克思列宁主义、毛泽东思想、邓小平理论、"三个代表"重要思想、科学发展观、习近平新时代中国特色社会主义思想是我们党和国家的指导思想,也是指导我们社会主义现代化建设的基本方针。对中学教育而言,要通过思想政治课程的教学,使学生掌握当代中国马克思主义、21世纪马克思主义,也就是习近平新时代中国特色社会主义思想的立场、观点和方法,为提高新时代中学生的认识能力和思想觉悟打下坚实的基础。

(二)思想品德教育的任务

党的二十大报告指出,培养什么人、怎样培养人、为谁培养人是教育的根本问题。育人的根本在于立德。全面贯彻党的教育方针,落实立德树人根本任务,培养德智体美劳全面发展的社会主义建设者和接班人。

1. 培养思想觉悟

在思想觉悟方面，基本任务是要让学生通过理论知识的学习，具有马克思主义的为人民服务观点、劳动观点、群众观点、集体观点、辩证唯物主义和历史唯物主义观点。在这些基础上，引导学生进一步提高思想觉悟，深化爱国主义、集体主义、社会主义教育，着力培养担当民族复兴大任的时代新人。

2. 培养政治觉悟

在政治觉悟方面，基本任务是要让学生坚定正确的政治方向，形成正确的政治信仰，具有鲜明的政治立场和坚定的政治态度，能够正确认识和贯彻党的路线、方针、政策，遵守各项国家法律、法规，继承和发扬爱国主义精神，愿意献身于社会主义现代化建设事业，为中华民族伟大复兴而努力奋斗。

3. 培养道德品质

在道德品质方面，基本任务是要让学生树立正确的道德观，遵守社会主义道德准则，正确处理公与私、个人与集体、个人与国家的关系，学会做人，尊重人、关心人、爱护人、帮助人，坚持维护社会公平正义，诚实守信，养成良好的道德行为习惯。

(三) 各种能力教育的任务

人的能力是多方面的，不同的人具有不同的能力结构。学校的各门课程所培养能力的要求不尽一致。中学思想政治学科所要培养的能力有其特定的含义，主要是培养学生运用马克思主义的立场、观点和方法，正确认识、分析和解决实际问题的能力。具体来说，一是指正确认识和改造客观世界的能力，二是指正确认识和改造主观世界的能力。

新的中学思想政治课程标准，对中学各年级的教学任务有着明确的要求。

1. 初中道德与法治课程标准对能力目标的要求

第一，初步认识和理解社会生活的复杂性，具有基本的道德判断和辨别是非的能力，能够负责任地做出选择。

第二，形成自我调适、自我控制的能力，能够理智地驾驭自己的情绪。

第三，能够初步掌握搜集、处理、运用社会信息的方法和技能，能够独立思考、提出疑问并进行反思。

第四，能够理解法律的规定及其意义，遵纪守法，初步具备寻求法律保护的能力。

2. 高中思想政治课程标准对能力目标的要求

第一，提高用马克思主义立场、观点和方法面对实际问题、做出正确的价值判断和行为选择的能力。

第二，提高主动参与经济、政治、文化生活的能力。

第三，提高在社会生活中正确处理竞争与合作关系的能力；培养为未来生活而自主学习、选择、探索的能力。

第四，增强依法办事、依法律己和依法维护自身权益的能力。

第五，发展采用多种方法特别是现代信息技术，收集、筛选社会信息的能力。

(四) 心理健康教育的任务

心理健康的内涵，主要表现在对自我的态度、自我实现的方式和程度、主要心理机能的整合程度、行为的自主性和独立性等几个方面。一般认为，心理健康可概括为知、情、意、行等方面的健康状态，即发育正常的智力、稳定乐观的情绪、高尚的情感、坚强的意志、良好的性格、完善的人格、和谐的人际关系等。目前，随着我国现代化社会的高速度、快节奏发展，人们的心理健康受到了极大的挑战，许多人存在着一定程度的心理问题。因此，对学生进行必要的心理健康教育，成为中学思想政治课教学的重要内容和主要任务之一。

1. 促使学生保持乐观而稳定的情绪

情绪是一个人内心体验的流露，它反映一个人的心境，体现一个人对客观事物及其发展变化的态度。中学生的情绪往往比较强烈，有发生快、变化多、控制差等特点，做事很容易出格或失常。心理健康教育必须从这些特点出发，教会学生保持心情舒畅、轻松愉快，消除紧张感、嫉妒心，力求以平和的心态接受挫折，以勇敢的精神战胜困难。

2. 促使学生建立良好的人际关系

良好的人际关系在现代社会具有重要意义。然而在复杂的社会环境中，由于中学生的社会知觉能力和处理人际关系的能力较差，因而很难处理好各种复杂的人际关系。他们有时会把"哥们儿义气"当作友谊，把"互相利用"当作友好，有时对他人抱着某种怀疑态度，形成一种具有排他性的消极心理。培养学生良好的人际关系，首先应为学生创造一个良好的人际环境，使学生在一个好的人际关系中陶冶自己、发展自己。同时还要教育学生学会与他人相处，能够正确认识自己和对待他人。要教育学生努力做到：严肃而不孤僻，活泼而不轻浮，稳重而不呆板，尊重而不迁就，热情而不轻狂，和气而不盲从，沉着而不冲动。

3. 促使学生形成健全的人格

人格是一个人的性格、气质、能力等心理特征的总和。中学生由于其先天和后天的条件不同，加上诸多因素交互作用的结果，在人格上存在较大的个体差异。中学思想政治课程对学生进行健全人格的培养，就是要教育学生由自然人转化为社会人，着重对他们进行社会化教育，促进他们的个性得以充分健康发展。比如，要引导学生能够自觉地调节和控制自己的行为和态度，有责任心，有自信心，提高抗挫折能力。

4. 促使学生消除心理障碍

心理障碍是各种不同类型的心理和异常行为的总称。中学生心理健康问题最为严重的就是心理障碍问题的存在。心理障碍有轻度和重度之分。轻度心理障碍是指人整体心理活动的某些方面或部分受到损害，心理活动的各个方面的协调性受到一定的影响。重度心理障碍是指人整体心理活动瓦解，不仅心理活动本身的各个方面的协调一致性遭到严重破坏，而且主体和周围显性环境之间的关系也严重失调。消除学生的心理障碍，要教育学生形成良好的集体心理态势，使其注意心理接触，注意转化心理劣势，巩固和发展心理优势，并善于解剖自己、增强理智，提高自我控制力。

在广义的中学思想政治课程中，要消除学生的心理障碍，可以通过对学生进行心理辅导、心理咨询、人格辅导、环境熏陶、有益活动等方式来进行。

【思考题】

1. 简述中学思想政治课程的发展历史。
2. 分析中学思想政治课程的性质和理念。
3. 说明中学思想政治课程的功能和任务。

第二章
中学思想政治课程标准

中学思想政治课程标准是由国家最高教育行政部门制定的、规定中学思想政治学科的课程性质、课程目标、内容要求、学习方式、计划安排、实施建议等，并用以指导、规范、评估和管理思想政治课程教学活动的纲领性文件。

中学思想政治课程标准的重要性，主要体现在以下几个方面：

第一，从性质来看，中学思想政治课程标准是由国家最高教育行政部门制定的，具有法规性质，体现着国家意志，体现了国家对思想政治课程的根本要求。

第二，从内容来看，中学思想政治课程标准规定了思想政治学科的课程性质、课程目标、内容要求、学习方式、计划安排、实施建议等，是国家用以指导、规范、评估和管理思想政治课程与教学活动的基本规章。

第三，从行为指向来看，中学思想政治课程标准指向的是学生的学习行为和目标要求，是对多数学生经过某一阶段学习之后所应达到的最基本要求的原则规定。

第四，从作用来看，中学思想政治课程标准是中学思想政治教材编写的基本依据，是中学思想政治课程教学的基本依据，也是中学思想政治课程教学评价的基本依据。

因此，无论教材怎么编写，教学如何设计，评价如何开展，都必须紧紧围绕课程标准进行，以课程标准为准绳。简单地说，课程标准是一切教学活动的根本依据和遵循。

第一节　中学思想政治课程标准的历史考察

中学思想政治课程标准与中学思想政治课程建设密切相关。中学思想政治课程建设和发展中的每一次变化，都会通过课程标准表现出来。把握中学思想政治课程标准及其发展演变的规律，总结其中的经验教训，才能更好地对现行课程与教材进行科学的分析。

一、中学思想政治课程标准的发展演变

中学思想政治课程标准作为规范课程设置、课程内容、课程实施的纲领性文件，是随着中学思想政治课程的建设出现、发展和完善的。为了方便考察，我们把中学思想政治学科课程标准的演变分为几个历史时期，加以简单的回顾。

(一) 思想政治学科课程标准的历史回顾

1. 清末改革与思想政治课程标准的雏形

清朝末年，新式学堂制度相继建立，开始按照学科相对固定地设置课程，也开始出现一些规定课程设置、课程内容的纲领性文件，最典型的就是《钦定学堂章程》和《奏定学堂章程》。

《钦定学堂章程》是1902年清政府公布的第一个关于学校课程的文件，具体包括《钦定小学堂章程》和《钦定中学堂章程》等。《钦定学堂章程》规定中学

堂的设置宗旨在于加深高等小学毕业生的教育程度，为进一步深造奠定基础。中学堂的课程有 12 门，其中修身、讲经两门是带有思想政治教育性质的课程。

清末中学堂所定的章程，有对课程门类及课时的相关规定和说明，可以视为我国近代意义上课程标准的雏形，但还不是严格意义上的课程标准。我国严格意义上文本形态的课程标准，是随着近代学制和教育体系的不断发展而逐渐形成并日趋完善。

2. 中华民国时期思想政治课程标准的演变

中华民国成立后，在第一任教育总长蔡元培的主持下，中华民国教育部对教育制度进行了大的革新。1912 年公布《中学校令》和《中学校令施行规则》，废除了晚清充满封建意识、宣传"忠君""尊孔"的读经讲经科，开设"修身""法制经济"课程，相当于今天的思想政治教育课程。

1913 年，中华民国教育部颁布《中学校课程标准》，① 规定了初等小学校、高等小学校、中学校和师范学校应开设的课程和各学年每周各科教授时数，并制定课程表，列出了简要的科目内容。按照课程标准的要求，规定"修身科"课程第一学年讲授"持躬处待人之道"；第二学年讲授"对国家之责务，对社会之责务"；第三学年讲授"对家族之责务，对人类及万有之责务"；第四学年讲授"伦理学大要，本国道德之特色"。至于"法制经济"课程，则规定主要讲授"法制大要，经济大要"。

1923 年，全国教育会联合会刊布了《新学制课程标准纲要》，其中包括《初级中学公民学课程纲要》《高级中学公共必修的人生哲学课程纲要》《高级中学公共必修的社会问题课程纲要》《高级中学第一组必修的伦理学初步课程

---

① 新中国成立前的课程纲领称为"课程标准"，新中国成立后"课程标准"改称为"教学大纲"，20 世纪末，"课程标准"的称谓逐渐取代"教学大纲"。教学大纲与课程标准名称不同，但都是国家为课程颁布的纲领性、指导性文件，承载着国家的主流意识形态，反映了不同历史时期的时代和政治诉求。

纲要》《高级中学第一组必修的心理学初步课程纲要》等。在《新学制课程标准纲要》中，突出的变化是以"公民科"代替了"修身科"，意在加强现代公民教育。

1927年，以蒋介石为首的国民党右派取得政权后，竭力推行"党化教育"，改"公民科"为"党义科"。在遭到多方的非议和反对后，南京国民政府教育部于1932年颁布了《初级中学公民课程标准》和《高级中学公民课程标准》，将"党义科"又改为"公民科"。1932—1949年，"公民科"的教学目的和教学内容曾做过多次调整，先后颁布了多个相应的课程标准。如：1936年的《初级中学公民课程标准》和《高级中学公民课程标准》，1940年的《修正初级中学公民课程标准》和《修正高级中学公民课程标准》，1941年的《六年制中学公民课程标准草案》，1948年的《修订初级中学公民课程标准》和《修订高级中学公民课程标准》，等等。

3. 新中国成立以来中学思想政治课程标准的发展

新中国成立初期，全国没有制定统一的思想政治课程标准，各地均根据自己的实际情况开设思想政治课，并选定思想政治课的授课内容。

1949—1958年，我国出台了一系列规定中学思想政治课程设置、内容安排等的文件，用以指导中学思想政治课教学。但由于这个时期政治运动频繁，思想政治课的课程设置和内容安排受到政治运动的影响较大，所以没有顾及政治课教学大纲或课程标准的编制，也没有严格意义上的教学大纲或是课程标准。

1959年，教育部制定并颁布了新中国成立以后的第一部全国中学思想政治课教学大纲，即《中等学校政治课教学大纲(试行草案)》。该大纲对中学思想政治课程的任务、课程设置及时间安排、教材编写原则、教学注意事项、成绩考核等做了规定。需要注意的是，该大纲是初中、高中、中等专业学校和师范学校的共用大纲，除了在课程内容设置上分为初中、高中两个部分外，其他规定和要求(与中等专业学校、师范学校相同)均是一致的。大纲在课程性质上强调以社会主义的政治方向为导向,强调思想政治课是党在学校中的思想政治工作的重要组成部分,是思想政治教育和道德教育的重要课程,确立了本课程的政治属性。在课程目标上,以培养学生树立坚定的社会主义政治方向为重点;在课程结构和内容上,以系统的马克思主义基本知识框架为主;在课程实施与评价上,强调教材编写"必须用材料说明观点,循序渐进,由浅入深,以正面阐述问题为主,并对一些错误思想进行批判"。这一教学大纲的颁布,标志我国中学思想政治课程建设进入到一个规范化的新阶段。

"文化大革命"时期,中学教育受到冲击,"文化大革命"结束以后,随着不断的拨乱反正,中学思想政治课程建设也逐渐趋于正常化、规范化、系统化。

1980年9月,教育部发出《关于印发改进和加强中学政治课的意见的通知》,明确了中学思想政治课的地位和任务,并提出中学思想政治课的课程设置方案。1982年,教育部颁发了《初级中学青少年修养教学大纲(试行草案)》《初级中学社会发展简史教学大纲(试行草案)》《高级中学政治经济学常识教学大纲(试行草案)》《高级中学辩证唯物主义常识教学大纲(试行草案)》等一系列教学大纲。在这些大纲中,既强调了思想政治课程的政治属性,也首次明确了思想政治课程的德育性质。在课程目标上,规定"帮助学生树立正确的政治方向,培养学生社会主义的思想品德",显示出中学思想政治课程体系的不断完善。

20世纪80年代中后期,随着我国经济、政治体制改革的发展,教育体制改革也被提上了议事日程,中学思想政治课程改革同样备受关注。以1985年8月中共中央下发的《关于改革学校思想品德和政治理论课程教学的通知》为标志,中学思想政治课进入改革时期。在这一轮课程改革中,打破了长期以来全国实行统一教学用书、统一教学大纲和统一课程的局面,开始出现了多套教材。比如，有教育部(国家教委)制定，在全国初中、高中通用的"思想政治"教材；也有上海中小学课程教材改革委员会编订的、供上海市使用的初中"公民"教材和高中"思想政治"教材。

随着改革的不断深入，中学思想政治的教学大纲和课程标准也不断做出相应调整。1996年和1997年，国家教委又相继颁布《全日制普通高级中学思想政治课课程标准(试行)》和《九年义务教育小学思想品德课和初中思想政治课课程标准(试行)》。这是新中国成立后，首次以课程标准取代教学大纲。《全日制普通高级中学思想政治课课程标准(试行)》不仅是第一部思想政治课程标准，也是基础教育各学科中的第一部课程标准，它标志着新中国的基础教育从教学大纲向课程标准的回归。

21世纪以来，我国进入基础教育课程改革的新时期。为适应基础教育改革的要求，教育部启动了思想品德课和思想政治课的新课程标准的编订工作。2003年5月，教育部颁发了全日制义务教育《思想品德课程标准(实验稿)》，课程标准以初中学生逐步扩展的生活为基础，按照"成长中的我""我与他人的关系""我与集体、国家和社会的关系"等三个层次，整合心理健康、道德、法律、国情四方面知识，构成初中思想品德课程的基本内容。2004年3月，教育部又颁发了《普通高中思想政治课程标准(实验)》。该课程标准以生活为基础，以学科知识为支撑，以模块课程的方式构建课程内容，把教学内容分为必修和选修两部分。该版课程标准由"前言""课程目标""内容标准"和"实施建议"四部分构成。课程标准立足课程意识，整体设计强调"学生本位"，贯穿"三维目标"的理念，将学生的生活经验与课程紧密联系，标志着中学思想政治课程标准的日益成熟。

2018年初，在总结此前十余年课程改革经验的基础上，教育部颁布了《普通高中思想政治课程标准(2017年版)》，全面贯彻习近平新时代中国特色社会主义思想，以立德树人为根本任务，在回归生活的基础上提升学生的思想政治学科核心素养，突出了课程承载人的核心素养的价值。2018年全国教育大会和2019年十九届四中全会召开后，根据会议精神，教育部又组织专家对2017年版的课程标准进行了补充完善，颁布了《普通高中思想政治课程标准(2017年版2020年修订)》。2022年，《义务教育道德与法治课程标准(2022版)》颁布，同样彰显出以建构学科核心素养为导向的新课程目标体系。至此，中学思想政治课程迎来了一个全新的历史时期。

通过以上梳理可以看出：新中国成立以来，我国多次颁布中学思想政治课程标准(教学大纲)，对中学思想政治教育提出要求并进行指导。大致而言，在新中国成立初期，中学思想政治教育以巩固和发展人民民主专政为目标；"大跃进"到"文化大革命"时期，中学思想政治教育主要是为无产阶级政治服务；改革开放以来，中学思想政治教育逐渐凸显出对更加健全的社会主义品质的培养；在中国特色社会主义新时代，中学思想政治教育展现立德树人的价值追求。不同时期中学思想政治课程的价值取向由当时的社会形势与发展所决定，中学思想政治教育的价值目标必定会对时代要求予以回应。中学思想政治课程的未来发展不仅要顺应时代，也应超越时代；不仅要体现国家意志，也应着眼培育有完整人格的"社会人"和"政治人"，从而为我国教育事业的发展发挥更大的作用。[1]

(二) 中学思想政治课程标准变迁的启示

回顾新中国成立70多年来中学思想政治课程标准变迁的历程，挖掘其中的经验与启示，有助于我们深刻理解和把握中学思想政治课程改革的方向，更好地完成新时代"立德树人"的根本任务。[2]

---

[1] 张凌洋，李本友，龚仲玉. 我国中学思想政治教育价值取向的演进——基于教学大纲（课程标准）的分析[J]. 教育科学研究，2021(6)：72.
[2] 杨秀莲，李亮. 我国高中思想政治课程标准(教学大纲)变迁历程研究[J]. 课程·教材·教法，2020(2)：85-87.

1. 课程性质的定位要凸显思想政治学科的育人价值

新课程标准中对中学思想政治课程性质、内涵的定位，反映了课程决策者和设计者在不同时期对思想政治课程的客观认识。70多年来，课程标准对中学思想政治课程性质的定位，反映了思想政治学科与课程体系、社会和学生等要素之间的动态关系。新课标以"核心素养"为主线，强化了学科属性，明确了思想政治课程是一门关于人的发展的课程，追求生命意义，实现人生价值，是思想政治课程的价值旨归。中学思想政治课程性质的定位，启示我们仍要坚持从课程本质的维度凸显思想政治学科的育人价值，将"培养什么人""怎样培养人""为谁培养人"作为思政课程的出发点和落脚点。

2. 课程目标的确定要坚持立德树人的根本任务

党的十八大以后，立德树人不仅成为中国特色社会主义教育的根本任务，更是思想政治学科必须履行的根本使命。立德树人指明了新时代中学生在学习思想政治课程后，应该"立"社会主义核心价值观之"德"，"树"社会主义合格建设者和可靠接班之"人"。新课标将立德树人的根本任务具体化为思想政治学科核心素养目标，关注对学生的品格、能力和价值观念的培育。中学阶段的思想政治学科核心素养旨在将学生培养成为"有信仰的人""有思想的人""有尊严的人"和"有担当的人"。尽管时代和社会的发展日新月异，但立德树人始终是中学思想政治课程矢志不渝的价值目标追求。

3. 课程结构和内容的构建要体现综合性课程的定位

中学思想政治课程作为基础教育课程体系中的一门学科，其教学容量有限，一直以来，构建课程结构和内容面临的主要矛盾是采用分化还是整合设计之间的矛盾。在课程实践的过程中，分科编制模式的弊端不断显现，导致与思想政治教育内容具有的内在统一性逐渐疏远。随着新课改的推进，课程标准要努力探索课程整合，建立知识、能力与素养之间的有机联系，通过打造思想政治学科综合性课程来实现学科的育人价值。在未来整合课程结构和内容的过程中，要继续立足"学生的发展价值"，更好地帮助学生学会从整体上对未来社会进行价值判断和行为选择。

4. 课程实施与评价的实现应坚持一致性和表现性

从新课标的设计来看，对课程实施与评价的规范呈现出坚持一致性与表现性的趋势。首先，坚持一致性。无论是从课程观还是从本学科的特质来看，中学思想政治课程的实施与评价都是统一的。新课标以核心素养为本，坚持一致性原则，提出了基于思想政治学科核心素养的实施与评价建议。其次，关注表现性。中学思想政治课程实施与评价必须围绕学生的"学习表现"展开，在课程实施过程中，教师要注重学生学习了思想政治课后的行为表现。教师应以素养目标为导向，引导学生在真实的问题情境中，运用学科思维和科学精神，解决具体的问题，从而引起学生认知的变化和非认知的变化。课程评价要指导教师采用表现性的评价方式，引导学生在真实的问题情境中完成表现性的任务，根据完成任务过程中表现出的品格、能力和价值观念做出评价。

二、中学思想政治课程标准分析的意义和方法

课程标准是由国家教育主管部门统一制定和颁布的指导性文件，规定了各门课程的性质地位、目标、内容，以及教学、评价等方面的要求。课程标准是教材编写的依据，是教师进行教学的依据，是检查教学效果、评估教学质量的依据，也是国家指导和监督学校教学工作的依据。

（一）中学思想政治课程标准分析的意义

中学思想政治课程标准对思想政治课程和教学的相关问题做出明确的规定，提出统一的要求。教师认真分析课程标准，对做好教学工作、提高教学质量具有十分重要的指导意义。

1. 分析课程标准是进行教学准备的基础

教师的教学准备包括备课标、备教材、备学生、备教法、写教案等多方面内容，而备课标是其中的首要环节。课程标准是课程的核心要素，规定了课程的性质、理念、目标、内容等，也提出了教学、评价、课程资源开发和利用等方面的建议。教师只有认真分析课程标准，才能有效地研究教材、制定合理的教学目标、恰当处理教学内容、妥善安排教学进程、科学选用教学方法和手段，编写出切实可行的教学设计方案，为教学活动的开展做好充分的准备。

2. 分析课程标准是有效组织教学活动的保证

中学思想政治课程是国家课程，课程标准体现的是国家意志，它对思想政治课程的教学有重要的规范作用，是教师进行教学工作的依据。对中学思想政治教师来说，课程标准是既有基本原则、又有操作措施的教学文件，有较强的指导性和规范性。教师只有认真分析课程标准，才能明确思想政治学科教学的基本目标，把握教学的基本内容，有效地实施教学活动，全面完成教学任务。

3. 分析课程标准是科学进行教学评价的要求

教学评价是经常性的工作，这一工作的进行必须以课程标准为依据。课程标准对思想政治课程的知识广度与深度、能力要求与结构、思想水平与行为表现等方面的规定，是进行教学评价的客观标准。对学生学习的评价，更是要以课程标准为准，不能随意超标，更不能脱离标准另搞一套。由此可见，要做好教学评价工作，教师也必须分析课程标准。对课程标准的忽视，既加重了学生的学习负担，又偏离了教学应有的方向，势必会影响教学质量。

(二) 中学思想政治课程标准分析的方法

1. 坚持系统、全面、深入的分析方法

对中学思想政治课程标准的分析，要掌握全面、系统、深入的方法，既要对课程标准本身进行微观层面的深入分析，又要把课程标准放在整个教学系统中进行宏观层面的把握。

所谓微观分析，是对课程标准本身进行深入细致的分析、解剖，把握其基本结构和内容，明确其对课程性质、课程理念、课程目标、内容标准等方面的规定，了解其对教学实施、课程评价等方面的建议，从而全面、透彻地把握课程标准。

所谓宏观把握，就是将课程标准视为教学系统中的一个变量，从课程标准与教学大纲、教材、课程资源及其他相关因素的分析比较中，全面、深入、系统地把握中学思想政治课程标准。

2. 处理好与大纲、教材及国内外形势的关系

（1）课程标准与大纲的关系

课程标准的制定有一个历史的发展过程，它的前身是教学大纲。将课程标准与教学大纲进行比较分析，把握课程标准的新规定和新提法，领会其精神实质，对于帮助我们将思想政治课教学工作建立在更加自觉、更加科学的基础之上，具有重要的现实意义。

（2）课程标准与教材的关系

中学课程标准是教材编写和审查的依据，课程标准的基本精神必然要贯穿到教材中去。课程标准明确规定了课程目标、课程内容、课程实施以及课程评价等，也提出了教材编写建议。在教材编写中，必须深入分析课程标准，紧扣课程标准规定的课程目标和课程内容，保持与课程标准的协调性和一致性，决不能抛开课程标准另搞一套。

但是，以课程标准为依据，绝不意味着教材编写要生搬硬套课程标准，而只是强调贯彻课程标准的要求和精神。课程标准实际上是一种"理想的课程"，它指导着教材的编制；而教材则是"正式的课程"，是对课程标准的价值体现，因此需要中学思想政治教师发挥重要的主观能动性。

(3) 课程标准与国际国内形势发展的关系

任何课程建设都是在一定社会历史条件下进行的，无不反映着社会政治、经济、文化等背景，思想政治学科尤其如此。中学思想政治课程标准是为适应国际国内形势的变化发展而制定和变更的。就国际形势而言，世界多极化和经济全球化趋势加剧，尽管和平与发展成为时代主题，但依然存在很多不稳定因素；就国内形势而言，我国已进入全面建成小康社会、加快推进社会主义现代化强国、实现中华民族伟大复兴的历史关键时期。当今时代处于"百年未有之大变局"，意味着我国面临着前所未有的挑战与机遇，如何根据新课标精神，紧扣时代主题，把握时代脉搏，是新时代的中学思想政治教师必须要充分考虑的问题。

当下，中学思想政治课教学必须贯彻党的二十大精神，以习近平新时代中国特色社会主义思想为指导，着眼当代社会发展和中学生成长的需要，增强思想政治教育的时代感、针对性和实效性。我们应该用开放、系统的观点分析中学思想政治课程标准，把握课程标准的时代特色，把握时代对思想政治课程的要求。

3. 分析中学思想政治课程标准的基本要求

(1) 全面领会课程标准的内容

中学思想政治课程标准内容丰富多彩，理论性和实践性都很强，我们必须反复阅读、认真领会。同时，要尽量多阅读一些与本学科课程标准有关的研究著作或是文章，以拓展思路，准确理解其精神实质。要做到不仅了解课程标准的主要特点，还要熟悉课程标准的主要内容，明确思想政治课程的性质、目标、理念，了解本学科的内容标准，把握课程教学、评价中应注意的问题等。

(2) 认真贯彻课程标准的精神

中学思想政治课程标准是在新的社会背景和基础教育课程改革发展的新

要求下制定的，其中包含了许多新的教学思想和理念。教师必须在深入学习的基础上认真贯彻，促进教学思想的转变，树立面向全体学生、使学生德智体美劳全面发展的教育思想，确定好既符合课程标准又符合学生实际的教学内容与要求，选择好适当的教学方法，全面落实课程标准的精神。例如，高中思想政治课程标准提出的课程理念之一是强调课程实施的实践性和开放性。首先，教学中要切实加强实践环节，不断拓展和更新课程资源，给学生呈现一个真实的世界，使他们具有走进社会、面对挑战、规划人生的真实本领。其次，要从以"教"为中心向以"学"为中心转变，提出有意义的问题，促进学生在解决问题的过程中成为学习活动的主体。最后，还要倡导研究性学习的方式，设计真实的、具有挑战性的、开放的学习情境，引导和推动学生积极主动地探究，使他们感悟读书是学习，实践是更重要的学习。

(3)严格执行课程标准的要求

教师要用课程标准指导自己的教学工作，做到教学不离课标。一方面，在平时教学中不随意拔高，也不随意降低教学要求；另一方面，要运用课程标准的要求经常检查、评价自己的教学情况，努力完成好教学任务。为此，教师在整个教学过程中都要加强对课程标准的研究。比如，在开学之初，教师要认真学习课程标准，明确课程标准的各项规定，用以指导本学期教学方案的制定；在课前备课时，教师要重点分析课程标准规定的内容标准及其教学要求，以确定教学的重点难点，把握好教学的度；在检测学习效果时，教师要根据课程标准的相关规定命题，诸如命题范围、题目难易程度等，应掌握在课程标准的要求之内。

第二节 初中道德与法治课程标准解读

《义务教育道德与法治课程标准(2022年版)》的颁布，极大改变了我国义务教育阶段的道德与法治课堂。这是因为：以培养学生核心素养为重要标志的课程改革将推进到义务教育阶段，从而使以核心素养培育为导向的课程改革在我国中小学全面深化实施；以"道德与法治"为名称的义务教育阶段的思想政治课，终于有了与之直接匹配的课程标准，从而使得义务教育阶段道德与法治课程"旧课标、新教材"的局面彻底改变。

在此背景下，全面深入地理解新颁布的课程标准，就成为义务教育阶段"道德与法治"课程任课教师的当务之急。

一、《义务教育道德与法治课程标准（2022年版）》的修订

2022年版《义务教育道德与法治课程标准》较之2011年版的旧课标，主要存在课程方案和课程标准两个方面的变化。

（一）课程方案的变化

1. 坚持目标导向，完善培养目标

认真学习领会习近平总书记关于教育的重要论述，全面落实有理想、有本领、有担当的时代新人培养要求，是此次新课标修订的根本遵循。准确理解和把握党中央、国务院关于教育改革的各项要求，全面落实习近平新时代中国特色社会主义思想，将社会主义先进文化、革命文化、中华优秀传统文化、国家安全、生命安全与健康等重大主题教育有机融入课程，以增强课程的思想性。

在培养目标方面，全面落实习近平总书记关于培养担当民族复兴大任时代新人的要求，结合义务教育性质及课程定位，从有理想、有本领、有担当三个方面，明确义务教育阶段时代新人培养的具体要求。

2. 坚持问题导向，优化课程设置

新课标全面梳理课程改革以来的困难与问题，明确了修订重点和任务，注重对实际问题的有效回应；遵循学生身心发展规律，加强一体化设置，促

进学段衔接，提升课程的科学性和系统性；进一步精选对学生终身发展有价值的课程内容，减负提质；细化了育人目标，明确实施要求，增强课程指导性和可操作性。

在课程设置方面，重点落实党中央、国务院"双减"政策要求，在保持义务教育阶段九年9522总课时数不变的基础上，调整优化课程设置。将小学原"品德与生活""品德与社会"和初中原"思想品德"课程整合为"道德与法治"，进行课程的一体化设计。

3. 坚持创新导向，细化实施要求

新课标既注重继承我国课程建设的成功经验，也充分借鉴国际先进的教育理念，进一步深化课程改革；强化课程的综合性和实践性，推动育人方式变革，着力发展学生核心素养；凸显学生的主体地位，关注学生个性化、多样化的学习和发展需求，增强课程适宜性；坚持与时俱进，及时反映经济社会发展新变化、科学技术进步新成果；更新课程内容，体现课程的时代性。

在课程实施方面，增加课程标准编制与教材编写的基本要求；明确省级教育行政部门和学校课程实施职责、制度规范，以及教学改革方向和评价改革重点，对培训、教科研提出具体要求；健全实施机制，强化监测与督导要求。

(二)课程标准的变化

1. 强化课程育人导向

基于义务教育培养目标，将党的教育方针具体化细化为本课程应着力培养的核心素养，体现正确价值观、必备品格和关键能力的培养要求。道德与法治课程以立德树人为根本任务，除了在个人品德上做一个好人，在公德上做一个好公民外，更要在国家、民族大德上，做社会主义合格建设者和接班人。

道德与法治课程必须引导青少年学生自觉地把个人与社会、小我与大我、个人理想与社会理想、青春梦与中国梦充分结合起来，坚定理想信念，厚植爱国主义情怀，增进对伟大祖国、中华民族、中华文化、中国共产党、中国特色社会主义的高度认同，把爱国情、强国志、报国行自觉融入坚持和发展中国特色社会主义事业、建设社会主义现代化强国、实现中华民族伟大复兴的奋斗之中，努力培养担当民族复兴大任的时代新人。

2. 优化课程内容结构

以习近平新时代中国特色社会主义思想为统领，基于核心素养的发展要求，遴选重要观念、主题内容和基础知识，设计课程内容，增强内容与育人目标的联系，优化内容组织形式。设立跨学科主题学习活动，加强学科间的相互关联，带动课程综合化实施，强化实践性要求。

此外，新课程整合了《义务教育品德与生活课程标准（2011年版）》《义务教育品德与社会课程标准（2011年版）》和《义务教育思想品德课程标准（2011年版）》，按照大中小学德育一体化的要求，分学段进行科学设计，建立了学段衔接、循序渐进、螺旋上升的课程结构。

3. 研制学业质量标准

新课程标准根据核心素养发展水平，结合课程内容，整体刻画了不同学段学生学业成就的具体表现特征，形成学业质量标准，引导和帮助教师把握教学深度与广度，为教材编写、教学实施及考试评价等提供了可靠的依据。

4. 增强指导性

新课程标准针对"内容要求"提出"学业要求""教学提示"，细化了评价与考试命题建议，注重实现"教—学—评"的一致性，增加了教学、评价案例，不仅明确了"为什么教""教什么""教到什么程度"，还强化了"怎么教"的具体指导，做到好用、管用、实用。

5. 加强学段衔接

依据学生从小学到初中在认知、情感、社会性等方面的发展，新课程标准合理安排了不同学段的内容，体现出学习目标的连续性和进阶性。

二、《义务教育道德与法治课程标准(2022年版)》解读

道德与法治课程围绕核心素养，体现课程性质，反映课程理念，建立课程目标。以下对核心素养目标与总目标加以说明。

(一)课程目标

新课标的突出特点就是在义务教育阶段提出了学科核心素养的概念，实现了与高中思想政治课程的有效衔接。① 了解核心素养的内涵，是解读义务教育新课标的首要问题。

1. 核心素养的内涵

核心素养是课程育人价值的集中体现，是学生通过课程学习逐步形成的正确价值观、必备品格和关键能力。道德与法治课程要培养的核心素养，主要包括政治认同、道德修养、法治观念、健全人格、责任意识。政治认同是社会主义建设者和接班人必须具备的思想前提，道德修养是立身成人之本，法治观念是行为的指引，健全人格是身心健康的体现，责任意识是担当民族复兴大任时代新人的内在要求。

(1)政治认同

政治认同是指具备热爱伟大祖国、中华民族、中华文化、中国共产党、中国特色社会主义的情感，以及为中华民族伟大复兴而奋斗的志向，能够自觉践行和弘扬社会主义核心价值观。培育学生的政治认同，有助于他们形成正确的世界观、人生观、价值观，坚定正确的政治方向，初步树立共产主义远大理想和中国特色社会主义共同理想，成为德智体美劳全面发展的社会主义建设者和接班人。政治认同主要表现为：

---

① 教育部2014年印发的《关于全面深化课程改革落实立德树人根本任务的意见》中，首次提出"核心素养体系"概念，并作为重要教学目标体现在2017年版的《普通高中思想政治课程标准》中。

①政治方向。明确中国共产党的核心领导地位，充分认识中国共产党的领导是中国特色社会主义最本质的特征，是中国特色社会主义制度的最大优势。拥护中国共产党，坚持中国特色社会主义道路，了解习近平新时代中国特色社会主义思想是当代中国马克思主义、二十一世纪马克思主义，是中华文化和中国精神的时代精华。

②价值取向。践行和弘扬社会主义核心价值观，坚定共产主义远大理想和中国特色社会主义共同理想，增进中华民族价值认同和文化自信。

③家国情怀。对家庭有深厚的情感，热爱家乡，热爱伟大祖国，热爱中华民族，自觉铸牢中华民族共同体意识，有以实现中华民族伟大复兴为己任的责任感和使命感。

(2) 道德修养

道德修养是指养成良好的道德品质和行为习惯，把道德规范内化于心、外化于行。培育学生的道德修养，有助于他们经历从感性体验到理性认知的过程，传承中华民族传统美德，弘扬民族精神和时代精神，自觉维护国家利益和安全，增强民族气节，明大德、守公德、严私德，形成健全的道德认知和道德情感，发展良好的道德行为。道德修养主要表现为：

①个人品德。践行以爱国奉献、明礼遵规、勤劳善良、宽厚正直、自强自律为主要内容的道德要求，在日常生活中养成诚实守信、团结友爱、热爱劳动等个人美德和优良品行。

②家庭美德。践行以尊老爱幼、男女平等、勤劳节俭、邻里互助为主要内容的道德要求，做家庭的好成员。

③社会公德。践行以文明礼貌、相互尊重、助人为乐、爱护公物、保护环境、遵纪守法为主要内容的道德要求，做社会的好公民。

④职业道德。树立劳动不分贵贱的观念，理解以爱岗敬业、诚实守信、办事公道、热情服务、奉献社会为主要内容的职业道德，做未来的好建设者。

(3)法治观念

法治观念是指树立宪法法律至上、法律面前人人平等、权利义务相统一的理念，使尊法学法守法用法成为人们的共同追求和自觉行为。培育学生的法治观念，有助于他们形成法治信仰和维护公平正义的意识，做社会主义法治的忠实崇尚者、自觉遵守者、坚定捍卫者。法治观念主要表现为：

①宪法法律至上。理解宪法在法律体系中具有最高的权威，任何个人和组织都必须遵守宪法和法律，尊崇宪法和法律。

②法律面前人人平等。了解公民的合法权益一律平等地受到法律保护，对任何人的违法犯罪行为都依法予以追究，不允许任何人有超越法律的特权。

③权利义务相统一。理解每个公民都享有宪法和法律赋予的权利，同时也必须履行宪法和法律规定的义务。

④守法用法意识和行为。了解以《民法典》为代表的、与日常生活以及未成年人保护密切相关的法律法规，树立法治意识，养成守法用法的思维方式和行为习惯。

⑤生命安全意识和自我保护能力。了解和识别可能危害自身安全的行为，具备自我保护意识，掌握基本的自我保护方法，预防和远离伤害。

(4)健全人格

健全人格是指具备正确的自我认知、积极的思想品质和健康的生活态度。培育学生的健全人格，有助于他们正确认识自我、学会学习、学会生活、学会合作，养成积极的心理品质，提高适应社会、应对挫折的能力。健全人格主要表现为：

①自尊自信。正确认识自己，珍爱生命，能够自我调节和管理情绪，具备乐观开朗、坚韧弘毅、自立自强的健康心理素质。

②理性平和。开放包容，理性表达意见，树立正确的合作与竞争观念，能够换位思考，学会处理与家庭、他人、集体和社会的关系。

③积极向上。有效学习，能够主动适应社会环境，确立符合国家需要和自身实际的健康生活目标，热爱生活，积极进取，具有适应变化、不怕挫折、坚韧不拔的意志品质。

④友爱互助。真诚、友善，拥有同情心和同理心，相互支持，相互帮助，具有互助精神。

(5) 责任意识

责任意识是指具备承担责任的认知、态度和情感，并能转化为实际行动。培育学生的责任意识，有助于他们提升对自己、家庭、集体、社会、国家和人类的责任感，增强担当精神和参与能力。责任意识主要表现为：

①主人翁意识。对自己负责，关心集体，关心社会，关心国家，维护祖国统一和国家安全，具备国家利益高于一切的观念。

②担当精神。具有为人民服务的奉献精神，积极参与志愿者活动、社区服务活动，热爱自然，践行绿色生活方式。

③有序参与。具有民主与法治意识，守规矩，重程序，能够依规依法参与公共事务，根据规则参与校园生活的民主实践。

2. 总目标的要求

第一，学生能够初步了解中国的基本国情、中华优秀传统文化的主要代表性成果，了解中国共产党的历史和革命传统、改革开放和中国特色社会主义的伟大成就，汲取党史、新中国史、改革开放史、社会主义发展史所蕴含的精神力量，热爱伟大祖国、中华民族、中华文化、中国共产党和中国特色社会主义，为自己是中国人而自豪；具有维护民族团结的意识，能够把个人发展和国家命运联系起来，维护国家利益和安全；能够理解社会主义核心价值观的内涵及其重要意义，并在社会生活中自觉践行；能够以实现中华民族伟大复兴为己任，增强做中国人的志气、骨气、底气，不负时代，不负韶华，不负党和人民的殷切期望；关心时事，热爱和平，初步具有国际视野和人类命运共同体意识。

第二，学生能够了解个人生活和公共生活中基本的道德要求和行为规范，能够在日常生活中践行诚实守信、团结友爱、尊老爱幼等基本的道德要求；形成初步的道德认知和判断，能够明辨是非善恶；通过体验、认知和践行，养成良好的道德品质。

第三，学生能够具有基本的规则意识和安全意识，理解宪法的意义，知道与学生生活密切相关的法律，能够初步认识到法律对个人生活、社会秩序和国家发展的规范和保障作用；形成宪法法律至上、法律面前人人平等观念和权利义务相统一的观念；遵守规则和法律规范，提高自我防范意识，掌握基本的自我保护方法，预防意外伤害，养成自觉守法、遇事找法、解决问题靠法的思维习惯和行为方式，初步具备依法参与社会生活的能力。

第四，学生能够正确认识生命的意义和价值，珍爱生命，热爱生活；初步具有自尊自强、坚韧乐观的心理素质和道德品质；具有理性平和的心态，能够建立良好的同伴关系、师生关系和家庭关系，树立正确的合作与竞争观念，具有团队意识和互助精神；具备积极向上、锐意进取的人生态度，能够适应变化，不怕挫折。

第五，学生能够关心集体、社会和国家，具有主人翁意识、责任感和集体主义精神，主动承担对自己、家庭、学校和社会的责任，自觉维护祖国统一和国家安全；能够主动参与志愿者活动、社区服务活动，具有为人民服务的奉献精神，勇于担当；能够遵守社会规则和社会公德，依法依规有序参与公共事务，具有公共意识和公共精神；敬畏自然，保护环境，形成人与自然生命共同体的意识。

(二)课程内容

《义务教育道德与法治课程标准(2022年版)》的第四学段规定了初中道德与法治的课程内容。

新课标指出，7～9年级是初中年级段，是小学高年级段的延续，与高中阶段相衔接，是培育道德品格，形成世界观、人生观、价值观的重要时期。这一学段的学生正处于青春期，独立思考能力和判断能力进一步增强，情绪波动性大，可塑性强。依据上述特点，初中道德与法治设置了生命安全与健康教育、法治教育、中华优秀传统文化教育、革命传统教育、国情教育等五个主题，通过与中华优秀文化传统、革命传统、国情教育等方面的关联，从真实的社会情境角度进行道德教育，强化学生的道德体验与道德实践，引导学生正确认识自己，以及个人与家庭、他人、社会、国家和人类文明的关系，了解国家发展和世界发展大势，增强社会责任感和担当意识，立志做社会主义建设者和接班人。

1. 生命安全与健康教育

这一主题的内容要求主要涉及认识青春期和正确对待两性关系；客观认识和对待自己，在团队活动中增强合作精神；认识顺境和逆境的关系，学会情绪调控；树立正确的人生观、价值观，尊重和敬畏生命；遵守基本的社交礼仪，维护社会公德和公共秩序等。应该说，这几个方面都是初中学生成长中面临的关键问题和敏感问题。能正确处理这些问题的学生，在健全人格的培育方面就会有突出的表现。

2. 法治教育

这一主题是课程内容各主题中分量最重的一个部分。无论是从主题来看还是从学段来看，初中阶段法治教育的分量都是最重的。这与落实《青少年法治教育大纲》的现实要求有关，也是由初中学生在成长过程中的现实需要所决定的。这一部分的内容要求主要涉及习近平法治思想、宪法法律至上、公民的基本权利和义务、法治的内涵、国家统一和"和平统一、一国两制"、人民代表大会制度、中国共产党领导的多党合作和政治协商制度、民族区域自治制度、基层民主制度、国家机关、民法典、犯罪与刑罚以及预防未成年人犯罪、网络环境中的隐私保护、环境保护与生态文明、国家主权和总体国家安全观、国际组织和国际体系等。教学提示部分涉及的若干习近平法治思想的经典金句，都以议题的形式呈现，为学生开展相关内容的学习提供了很好的支架。

3. 中华优秀传统文化教育

本主题主要涉及中华优秀传统文化的核心理念、荣辱观念和社会风尚、自强不息和敬业乐群思想、理想追求和高尚人格、担当意识和爱国主义情怀等。教学提示部分主要涉及"大同""己所不欲，勿施于人""和而不同"等具有鲜明的中华传统文化韵味的内容。以这些内容为议题，落实相关内容要求，让学生在对中华优秀传统文化的体验中更好地实现思维提升，为他们坚定文化自信和文化认同奠定坚实的基础。

4. 革命传统教育

本主题主要涉及伟大建党精神、新民主主义革命的伟大成就、社会主义革命和建设的伟大成就、改革开放和社会主义现代化建设的伟大成就、新时代中国特色社会主义的伟大成就和"两个确立"等。教学提示部分主要涉及习近平总书记的相关讲话，这些经典观点是课程标准设置的议题，也是理解这些课程内容的"钥匙"。

5. 国情教育

国情教育是义务教育道德与法治课程标准的最后一部分，其内容主要涉及中国特色社会主义新时代和中国社会的主要矛盾、世界百年未有之大变局和构建人类命运共同体、新发展格局和"五位一体"总体布局、劳动观和生涯规划等。教学提示中"我们的美好生活""于变局中开新局"等内容，是当下开展相关学习需要特别关注的。

(三)课程要求

道德与法治课程立足发展学生的核心素养，选取与学生的生活经验、社会要求紧密相关的内容，注重学生的生活经验、社会要求和学科体系之间的内在关联，组织综合性的课程内容。

1. 立足发展学生的核心素养

道德与法治是一门综合课程，但这种综合不是相关学科知识的相加，而是基于发展学生核心素养的需要，对相关内容的整合。核心素养是学生通过课程学习之后所形成的正确的价值观、必备品格和关键能力。依据义务教育培养目标，结合道德与法治课程的性质，凝练了道德与法治课程所要培养的核心素养，包括政治认同、道德修养、法治观念、健全人格和责任意识五个方面，每个方面又都有具体的表征和行为指标。这五个方面密切联系，为培养有理想、有本领、有担当的时代新人奠定了思想政治、道德修养和人格发展的基础。《义务教育课程方案（2022年版）》明确指出，要基于核心素养培养要求，决定课程内容选什么、选多少，加强课程内容的内在联系，突出课程内容的结构化。

2. 以社会发展和学生生活为基础

道德与法治课程还必须考虑学生成长的特点和发展的需要，要以学生的真实生活为基础，根据他们的思想发展动态，有针对性地选择相关的内容，切实解决学生发展中的思想问题，使思想教育真正地入心、入脑，并化作他们自觉的行动。

3. 坚持学科逻辑与生活逻辑相统一，主题学习和学生生活相结合

新课程改革之前，中小学德育课程主要以学科知识为线索组织，德育课被上成道德知识课。这种学科本位课程是知识德育，它往往导致知行分离、知行不一。为了解决这一问题，新课程改革提出生活德育，即以学生生活为核心和基础组织课程，从学生经验和实际出发，围绕学生的生活，选择学生生活的场景、内容展开教学。这样的课程不仅学生喜欢，也解决了学生道德发展中知行分离、知行不一的问题。

但是，以学生生活组织课程内容，生活走向前台，价值教育隐藏在后台，容易以生活遮蔽德育，导致德育课程的价值导向不明显，弱化了价值性。所以，新课标对道德与法治课程中知识与生活的关系做了重新定位，这就是"坚持学科逻辑与生活逻辑相统一，主题学习和学生生活相结合"。

(1) 坚持学科逻辑与生活逻辑相统一

道德与法治课程以生活为底板，基于生活，在生活中学习，但不能以生活遮蔽道德与法治的政治性、思想性，而应以政治性、思想性引领生活。一方面，核心素养是建立在科学认知基础上的；另一方面，在生活中学习处理各种关系，需要一个抓手。这个抓手就是生成核心素养必备的学科内容。我们应重点思考如何组织这些内容。道德与法治课程内容必须体现学科知识与生活经验的统一，从生活中提炼相关知识，将生活融于知识之中。道德与法治课程强调以生活为基础，生活是底色、在后台，前台是发展学生道德与法治素养所需要的学科主题内容。

(2) 坚持主题学习与学生生活相结合

道德与法治基于核心素养选取内容，这些内容涵盖了思想政治、道德、法治、传统文化、革命传统等各个方面。道德与法治的课程以学科主题为明线，以学生生活为暗线，根据不同年龄阶段学生的特征，将学科主题学习和不断扩展的学生生活结合起来，将主题学习有机融入学生的生活之中。这样组织的课程，既凸显了道德与法治课程的生活性，又以主题学习为线索，把课程的生活逻辑与知识逻辑有机结合起来，更加符合课程中道德学习的逻辑。

4. 课程内容突出时代要求

(1) 突出时代主题

第一，中华民族传统美德教育。党的十八大以来，习近平总书记高度重视中华优秀传统文化的继承和发扬，把中华优秀传统文化提升为"中华民族的基因"和"中华民族的精神命脉"，它是涵养社会主义核心价值观的重要源泉，也是我们在世界文化激荡中站稳脚跟的坚实根基。2021年，教育部印发《中华优秀传统文化进中小学课程教材指南》，提出中小学课程教材主要围绕核心思想理念、中华人文精神、中华传统美德三大主题，遴选中华优秀传统文化教育内容。道德与法治是落实中华优秀传统文化教育的核心课程，要注重传承崇德向善的传统美德，帮助学生了解中华优秀传统文化中蕴含的社会伦理和风尚，养成恪守诚信、严于律己、敢于担当等优秀品质，培养关心社会、关爱他人、奉献社会的思想意识，形成正确的世界观、人生观和价值观，坚定理想信念，增强国家认同感和民族自豪感。

第二，革命传统教育。革命传统是中国共产党领导人民在革命、建设与改革中形成的优良革命传统，是党的宝贵精神财富和丰厚的政治资源，也是中小学教育的重要内容。2021年1月，教育部印发《革命传统进中小学课程教材指南》，强调对中小学生进行革命传统教育，植入红色基因。这是增强学生对伟大祖国、中华民族、中华文化、中国共产党、中国特色社会主义认同的必然要求，对传承革命文化和社会主义先进文化，培养德智体美劳全面发展的社会主义建设者和接班人具有重要意义。道德与法治是落实革命传统教育的核心课程，要全面反映革命传统的主要内容，注意对其思想内涵的深刻解读，突出提高学生的思想认识、政治觉悟，使他们坚定理想信念，树立正确的世界观、人生观和价值观，促进政治认同，引导他们弘扬革命精神，培养高尚品德。

第三，法治教育。依法治国是新时代的治国策略。2014年10月28日，《中共中央关于全面推进依法治国若干重大问题的决定》颁布，要求"把法治教育纳入国民教育体系，从青少年抓起，在中小学设立法治知识课程"。2016年6月，教育部、司法部、全国普法办印发了《青少年法治教育大纲》，提出义务教育阶段的法治教育要使学生初步了解公民的基本权利与义务、重要法治理念与原则，初步了解个人成长和参与社会生活必需的基本法律常识；初步树立法治意识，养成规则意识和尊法守法的行为习惯，初步具备依法维护自身权益、参与社会生活的意识和能力，为培育法治观念、树立法治信仰奠定基础。2021年年初，中共中央印发了《法治中国建设规划（2020—2025年）》。2021年4月，中共中央办公厅、国务院办公厅印发了《关于加强社会主义法治文化建设的意见》，从贯彻习近平法治思想和建设社会主义法治文化的高度，对弘扬宪法精神、提升公民法治素养提出了更高的要求。

（2）有机融入相关主题

第一，社会主义先进文化教育、革命文化教育、中华优秀传统文化教育。党的十九大报告提出，中国特色社会主义文化源于中华民族五千多年文明历史所孕育的中华优秀传统文化，熔铸于党领导人民在革命、建设、改革中创造的革命文化和社会主义先进文化，根植于中国特色社会主义的伟大实践。中华优秀传统文化、革命文化和社会主义先进文化三者相辅相成、相得益彰，共同支撑起当代中国文化的辉煌大厦。文化自信，不仅来自中华优秀传统文化，也来自革命文化，更来自社会主义先进文化。社会主义先进文化以马克思主义为指导，是面向现代化、面向世界、面向未来的，民族的、科学的、大众的社会主义文化，其本质是坚持社会主义制度，精髓是社会主义核心价值观。革命传统教育主要围绕中国共产党的领导地位、共产主义理想信念、以人民为中心的立场、实事求是思想路线、革命斗争精神、爱国主义情怀、艰苦奋斗传统等方面进行。中华优秀传统文化教育主要围绕中华核心思想理念、中华人文精神、中华传统美德三大主题进行。道德与法治课程要培养青少年一代的文化自信，必须全面进行社会主义先进文化教育、革命文化教育和中华优秀传统文化教育。

第二，国家安全教育。《中华人民共和国国家安全法》提出"将国家安全教育纳入国民教育体系"。2020年，教育部印发了《大中小学国家安全教育指导纲要》，提出通过国家安全教育，使学生能够深入理解和准确把握总体国家安全观，牢固树立国家利益至上的观念，增强自觉维护国家安全的意识，具备维护国家安全的能力。初中阶段，重点围绕认识个人与国家关系，增强学生的国家安全意识，使学生初步了解总体国家安全观，掌握国家安全基础知识，理解国家安全对个人成长的重要作用，初步树立国家利益至上的观念。

第三，生命安全与健康教育。新冠肺炎疫情暴发以来，习近平总书记多次强调"人民至上，生命至上"，生命安全与健康教育被提上日程。生命安全与健康教育旨在帮助学生树立关爱生命、热爱生活的观念，形成健康意识，养成健康生活方式，提升健康素养。在2021年教育部印发的《生命安全与健康教育进中小学课程教材指南》中，生命安全与健康教育被分为5个领域、30个核心要点，采用课程渗透的方式，体现在道德与法治、体育、科学、生物等课程之中。依据学科特点，道德与法治课程以"健全人格"的核心素养为导向，选取生命安全与健康教育相关内容作为素材，有机融入课程之中。

第四，劳动教育。习近平总书记在全国教育大会的讲话中，把劳动列为全面发展教育的重要组成部分，指出要在学生中弘扬劳动精神，教育引导学生崇尚劳动、尊重劳动，懂得劳动最光荣、劳动最崇高、劳动最伟大、劳动最美丽的道理，使学生长大后能够辛勤劳动、诚实劳动、创造性劳动。根据2020年3月《中共中央国务院关于全面加强新时代大中小学劳动教育的意见》，教育部在2020年7月发布了《大中小学劳动教育指导纲要（试行）》，提出当前劳动教育的重点是有目的、有计划地组织学生参加日常生活活动、生产劳动和服务性劳动，让学生动手实践、出力流汗，接受锻炼、磨炼意志，培养学生正确的劳动价值观和良好的劳动品质。

5. 突出学生生活的问题导向，增强内容的针对性和现实性

道德与法治课程倡导基于学生的真实生活展开教学活动。新课标强调，道德教育要以学生的真实生活为基础。真实的生活必然有矛盾、有问题。有矛盾、有问题是正常的，关键是要解决问题。道德与法治课程强调面向学生

的真实生活，在纷繁复杂的生活中，直面问题，正视关注度高、涉及面广的问题，引导学生发现问题、分析问题，学会判断、学会鉴别，最终学会不断解决问题。在解决问题中，要提升道德判断力、思维力。面对真实的生活，道德与法治课程必须强化规则、纪律、秩序、诚信、团结合作、冲突解决等方面的教育，培养学生遵守规则、遵纪守法，成为一个德法兼修的现代公民。

(四)课程教学建议

道德与法治教学实施，是指将道德与法治课程标准落实于课堂的过程。就当前的道德与法治课程建设而言，新版的课程标准已经发布，但基于新课标理念编写的新教材还有待进一步的完善。在此背景下，积极主动地贯彻新课程标准的理念和要求，就成为当下道德与法治教师必须面对的迫切问题。

1. 立足核心素养，制定彰显铸魂育人的教学目标

教师应从发展学生核心素养的角度制定教学目标，将核心素养的培育作为教学的出发点和落脚点，使教学目标在培育学生核心素养方面起到指引性、规定性的作用。在确立教学目标时，教师要注意以下几点：

第一，政治立场鲜明。符合马克思主义基本要求，符合中国特色社会主义基本立场，对错误的社会思潮旗帜鲜明地加以批判。

第二，价值导向清晰。要符合社会主义核心价值观，符合全人类共同价值。

第三，知行要求明确。要根据学生年龄特征和不同学段特点对观念认知与道德品行进行科学设计，制定具体、明确和可操作的教学目标，在教学中引导学生做到言行一致，知行合一。

设计具体的教学目标时，要准确理解课程依据的基础理论、基本知识和价值规范，注意以透彻的学理分析回应学生，以彻底的思想理论说服学生，以真理的强大力量引导学生，以情感激发学生，以文化熏陶学生。

2. 及时丰富和充实教学内容，反映党和国家重大实践和理论创新成果

教学要围绕课程内容体系，及时跟进社会发展进程，结合国内外影响较大的时事进行讲解。要将党和国家重大实践和理论创新成果引入课堂，充分体现马克思主义中国化的最新成果。要密切联系社会生活和学生生活实际，用富有时代气息的鲜活内容，以学生喜闻乐见的方式，增强道德与法治教育的时效性、生动性、新颖性，让道德与法治课成为有现实关怀和人文温度的课堂。

3. 把握思想教育基本特征，实现说服教育与启发引导有机结合

思想政治理论、道德与法律规范都不是自发生成的，必须发挥教师在教学中的主导作用，通过讲解让学生了解基本概念、原理和理论。教师既要深入浅出地把道理讲清楚讲透彻，也要启发学生主动学习，加以自身领悟和理解。

按照灌输性和启发性相统一的原则，做到"灌中有启，启中有灌"。教师在讲述中要注意用可以激发学生兴趣的素材和问题引导学生自己主动思考领会，不搞填鸭式的"硬灌输"；在鼓励学生主动学习、积极思考中对政治方向和价值导向加以规范和引导，不能放任自流；在"灌、启结合"中辩证地理解教师主导性和学生主体性的统一，要正视学生的困惑与疑问，通过摆事实、讲道理，让学生心悦诚服接受结论、水到渠成得出结论，真正实现以情动人、以理服人。

4. 丰富学生实践体验，促进知行合一

教学要与社会实践活动相结合，加强课内课外联结，实现隐性课程与显性课程相配合。

要注重案例教学，选择、设计和运用个人和社会生活中的典型实例，鼓励学生探究、讨论，提高学生的价值辨析能力。案例选择要关注以下几点：一要坚持正面引导为主；二要紧扣时代主题，反映学生关注的现实问题；三

要具有真实性、典型性、可扩展性，能够服务核心素养的培育；四要关注学生的认知水平和接受能力，具有一定的感染力和说服力，能够引起共鸣。

要积极探索议题式、体验式、项目式等多种教学方法，引导学生参与体验，促进感悟与建构。要采取热点分析、角色扮演、情境体验、模拟活动等方式，引导学生开展自主探究与合作探究，让学生认识社会。

通过参观访问、现场观摩、志愿服务、生产劳动、研学旅行等方式让学生走向社会，增进学生对国情、社情、民情的了解，增强爱国情感。鼓励学生在社会实践中扩展自己的视野，提升自己的能力，学以致用，知行合一。

5. 发挥教师主导作用，引领学生形成正确的价值观

道德与法治课程具有鲜明的政治性、思想性，重在塑造学生正确的价值观，这就要求教师具有正确的价值导向。教师作为社会代言人，必须坚守正确的价值导向，传递正确的价值观，引导学生认同国家主流价值观。教师的价值引导，不能成为空洞的说教。只有空洞的价值观说教，没有科学的知识做支撑，价值观教育的效果也会大打折扣。道德由知、情、意、行等要素组成，形成道德认知就是要对学生晓之以理。要给学生讲道理，道理不是纯粹的知识，而是在知识中蕴含着价值观。道德与法治教学要强调价值性，也不应忽视知识性，而是寓价值观引导于知识传授之中，做到知识性与价值性的统一。

6. 强化议题教学等学科实践，突出学生主体地位

《义务教育课程方案(2022年版)》指出，要"强化学科实践"。学科实践是基于学科的、独特的实践方式，它超越了为探究而探究、为活动而活动的形式化、虚假性的实践，既注重学科性，也注重实践性。

品德发展心理学的研究表明，活动是道德生成的机制。道德规范只有通过活动，在活动中认知、体验，才能真正转化为素养。所以，道德与法治课程要以正确的价值观引导学生生活的建构，基于学生生活开展丰富多彩的社

会实践活动，鼓励学生在社会实践活动中积极探究、交流、体验、理解，使他们内化道德规范和法治规则，并通过践行道德与法治规范，促进核心素养的形成。在这个意义上说，道德与法治课程是一种活动型课程，这是由道德与法治课程的实践性决定的。习近平总书记在谈到思政课改革创新要"坚持主导性和主体性相统一"时特别强调说，"一些思政课堂运用小组研学、情景展示、课题研讨、课堂辩论等方式教学，让学生来讲，这有利于发挥学生主体性作用。教师要做好画龙点睛工作，加强引导和总结提炼"。

道德与法治课程应该基于活动来组织，通过"学中做""做中学"，引导学生经历发现问题、解决问题、建构知识、运用知识的过程，体会学科思维的方法。据此，道德与法治课程提倡议题教学。

议题是以活动形式呈现的、承载学科内容的问题。通过设置议题，创设多样化的学习情境，引导学生开展自主、合作的实践探究和体验活动。议题式教学强调学生的"议"，而"议"的具体形式是通过情境创设、方法指引、策略探究和发现陈述等方式，实现学科内容的学习与落实。教师在课程的议题教学中需要明确：道德与法治的议题源于社会，源于生活，应该从与学生成长、国家发展密切相关的现实问题谈起，引导学生运用理论分析和解决问题，增强实践创新能力，把道德与法治教育的方向引领与学生的发展有机统一起来。

7. 坚持校内与校外相结合，建构道德与法治育人的"大课堂"

道德与法治课程强调源于生活、回归生活，因为只有回到生活，才能得到检验和践行。因此，要把道德与法治课的学习延伸至社会，带领学生走出课堂，走出学校，充分利用各类社会教育资源，使学生置身于社会生活之中，感受社会的发展变化，使道德与法治的教学更具有真实性、针对性和亲和力。坚持知识教育与实践教育相结合，引导学生积极参与社会实践活动，通过参观访问、志愿服务、生产劳动、研学旅行等，把课程学习的知识运用于社会，服务于人民，强化学生的社会责任感，使学生将人生抱负落实到脚踏实地的实际行动中，从而把说和做、知与行统一起来。

(五)课程教学评价

评价是检验、提升教学质量的重要方式和手段。课程教学中要充分发挥评价的诊断、激励和改善功能，促进学生发展和改进教师教学。新课程理念下的教学评价主要涉及价值观念、学习态度、过程表现、学业成就等多个方面，贯穿道德与法治课程学习的全过程和教学的各环节，发挥出以评促教、以评促学、以评育人的重要功能。

1. 教学评价的基础知识

(1)评价原则和目的

①坚持素养导向。课程评价要围绕课程目标，依据课程的内容要求、学业要求和学业质量标准，进行全面、综合的评价。要注重从学生理想信念、爱国情怀、担当精神、品德修养、法治观念、日常品行表现等方面加以考查和评估，引导学生践行社会主义核心价值观。

②坚持以评促学。倡导以评价促进学习的理念，关注学生真实发生的进步，捕捉、欣赏、尊重学生有创意的、独特的表现并予以鼓励，不断加深学生的知行体验，引导学生发现自己的潜能，合理运用评价结果改进学习。

③坚持以评促教。通过对学生的过程评价和学习结果的反馈，促进反思并改进教学方式，使教更好地服务于学，努力实现"教—学—评"的一致性。

④重视表现性评价。围绕学生学习道德与法治课程的实践性、体验性等特点，注重观察、记录学生在学习、实践、创作等活动中的典型行为和态度特征，运用成果展示、观点交流等方式，对学生的学习情况进行质性分析，同时兼顾其他的评价方式，丰富评价内容，提高评价的全面性、科学性、准确性。

⑤坚持多主体评价。充分发挥学校、教师、学生、家长等不同评价主体或角色的作用，形成多方共同激励的机制，从各个渠道采取多种方式，全面

观察和收集学生在各种场景中的日常品行表现。各评价主体之间要充分沟通交流，形成育人合力，增强学生学习的动力和信心。

(2)评价内容及方法

要对学生核心素养的综合发展状况进行评价，兼顾学生学习态度、参与学习活动的程度以及对课程内容的理解和应用水平。着重评价学生在日常生活与学习中表现出的思想政治素养、道德品行、法治观念，以及在真实情境与任务中运用所学知识分析问题、解决问题时所表现出的核心素养发展水平。要关注不同情境中学生的日常品行表现，避免仅凭考试分数判定学生水平的传统单一评价方式，并根据评价情况及时分析原因，调整教学方式。要综合运用观察、访谈、作业、纸笔测试等方法全面获取和掌握学生核心素养发展的相关信息。

①观察应着重关注学生课堂学习、小组合作、劳动和社会实践中的表现，多视角、全面地观察，获取真实信息，为客观地对学生进行评价提供参考。

②访谈包括与学生、其他任课教师、家长谈话交流，要增强针对性，重视学生道德修养、法治观念、规则意识、行为习惯等方面的进步，发挥评价的价值引领作用，尊重学生的人格，保护学生的隐私。

③作业是学习评价的重要手段，作业内容要结合学生生活，创新作业方式，采用开放式、情境式、体验式等形式多样、难度适宜、数量适当的作业。注重设计带有团队合作性质的、项目任务性质的作业，以掌握学生的学业达成情况，及时评价、反馈、指导学生学习。

④纸笔测试要根据学业水平要求科学设计试题，灵活设计多种题型，要注重增加综合性、开放性、应用型、探究性的试题比例，不出偏题怪题，减少记忆性试题，防止试题难度过大。作业布置要着重考查学生运用知识分析和解决实际问题的能力，发挥作业在诊断学情教情、改进教学、考核教学质量等方面的功能。

(3)评价形式与标准

①课堂评价。教师应面向全体学生进行评价，评价内容包括学生在学习过程中的道德品行、价值观念、学习态度、课堂学习阶段目标的达成情况等方面。通过观察、提问、交流、记录等方式，了解学生在合作探究、交流展示以及实践反思过程中的学习进程、行为表现。分析、把握学生的价值观念、学习态度、学习体验、学习困难给予必要的指导。评价反馈应注重即时性、生成性、针对性，以鼓励为主，激发学生的积极性，指出存在的问题，帮助学生改进。

②作业评价。作业评价既要关注结果，如学习作品，包括内容品质、呈现形式等，也要关注过程，如完成方案策划、素材收集、创意构思等方面的参与状况。在对作业质量整体把握的基础上，进一步对作业要素或组成部分进行单项分析。依据作业意图，确定作业评价侧重点，可注重统一要求，也可注重创意表达，处理好两者之间的关系。综合运用质性分析和量化评定，更加重视书面或口头反馈，发挥评价的引导、激励功能。

③期终评价。期终评价应立足于对学生核心素养发展状况进行全面评定，包括课堂评价、作业评价和期终考核的结果。其中，期终考核要依据本学期的课程目标、内容、教学实际组织实施，注重采用具有综合性的题目或任务，针对学段特点，可以用家校劳动任务、作品成果展示、纸笔测试、档案袋等方式进行。

④评价结果的呈现。可以采用分项等级制加评语的方式呈现，避免单纯以分数评价学生。评语要简练、中肯，具有针对性，使学生准确了解自己的表现，并知道今后的努力方向。针对不同学生的特点，教师要对评价结果做个性化、发展性的解读。

2. 学业水平考试

学业水平考试以考查学生核心素养形成和发展为目标，是评价道德与法治课程的重要手段。

(1) 考试性质与目的

道德与法治学业水平考试是由省级教育行政部门组织实施的考试，其目的是检测学生在义务教育结束时，道德与法治的学业成就。其目的在于为高一级的学校招生录取提供依据，为评价区域和学校教学质量、改进教学手段提供参考。

(2) 命题原则

①严格依据课程标准命题。要全面落实课程目标、课程内容、学业质量等要求，理解和把握核心素养与学业质量标准的关系，根据所要考查的正确价值观、必备品格和关键能力，选择测试内容，明确具体任务，并保证试题情境、任务难度、答案制定等方面的准确性，体现学业质量标准的要求。

②坚持正确的政治方向和价值导向。命题要以习近平新时代中国特色社会主义思想为指导，坚持正确的政治方向；积极培育和践行社会主义核心价值观，弘扬社会主义先进文化、革命文化和中华优秀传统文化。

③探索素养导向的命题方式。试题设计要在情境创设、任务设置、评分方式等方面有所突破。试题材料呈现方式要丰富多样。试题任务要体现综合性、开放性、应用型、探究性，使学生可以从多个角度分析问题、解决问题。重点考查学生道德认知、价值判断等方面的表现。试题立意和考查内容应有利于促进教学方式的改革，充分体现思想政治课程的政治性、思想性和实践性等特点。

(3) 命题规划

①命题内容和范围。要从整体上把握道德与法治课程内容的结构性和关联性，从我国经济社会发展的实际和学生真实生活中选择情境，避免从孤立的、过细的知识点和角度选择测试内容。

②试卷结构。试卷内容应能够综合考查学生核心素养的发展，思想意识、

价值取向和能力类型分布符合不同考查层次的要求。题型搭配、分值比例恰当，能发挥不同题型的测试功能。从内容、试题情境、理论分析、知识应用等不同角度科学设置试题难度，使其符合学科逻辑和学生认知规律。

(4) 题目命制

①命题立意。命题应从课程性质、时代要求、学生发展三个主要维度体现考查核心素养的立意。要关注学生全面发展，特别是思想政治素质、道德修养、法治素养和人格修养等方面的发展，体现出考试促进学生发展的功能。

②情境创设。试题情境创设要考虑情境的真实性、典型性、适度性、复杂性，既要具有一定的复杂性，又要符合学生的认知发展水平，考查多层次、多角度分析和解决问题的能力，引导学生学会生活、学会思考、学以致用。情境素材选取要源于真实的社会生活，情境的描述和展开要符合生活常识。情境呈现方式多样，要充分利用文字、数据、图片等表达形式。

③任务指向。依据学业质量标准和学习内容的不同特点，综合考查学生面对真实问题情境，在完成相应的学习任务过程中，展现出的核心素养达成情况，以检测课程目标实现的程度。任务应具有多样性，如描述特征、论证、辨析、评价、制定方案等。任务设计应具有合适的思维水平层级，以考查学生视野的广度以及多角度、多层次分析问题和解决问题的能力。

④评分标准。评分标准要清晰，便于阅卷操作。能根据答案的开放度、探究性等因素，合理拟订评分标准。评分标准在基本立场、观点上要坚持统一尺度，鼓励学生运用不同素材，提出不同的问题解决方案。能根据试题难度和思维含量，通过等级描述的方法，科学评价学生的思想政治素养、道德品质和价值取向。

3. 教学评价的要求[①]

2018年9月，习近平总书记在全国教育大会上特别强调，要深化教育体

---

① 冯建军. 义务教育道德与法治课程理念[J]. 课程·教材·教法，2022(6)：25.

制改革，健全立德树人落实机制，扭转不科学的教育评价导向，从根本上解决教育评价"指挥棒"问题。为全面落实新时代教育评价改革的要求，道德与法治课程的评价要围绕学生发展核心素养，发挥评价的引导作用，改进结果评价，强化过程评价，探索增值评价，运用多种评价方式，发挥评价的诊断、激励和改善功能，促进学生的知行合一。

(1) 以素养导向，开展综合素质评价

道德与法治课程一旦纳入考试，就往往变为知识的记忆、背诵，异化为"应试德育"，从而偏离课程的培养目标。破解这个难题的关键是明确评价的导向。道德与法治课程的评价应该指向核心素养，基于核心素养，开展综合素质评价，发挥评价的引导作用。道德与法治是直接德育的一个部分，而不是德育的全部。道德与法治课程的成绩也只是评价学生道德状况的一个尺度，而不是唯一尺度。课程的成绩反映的是学生课程学习的情况，学习的目的在于运用。学生在家庭和社会生活中的日常行为表现，是道德与法治课程学习的结果，也应该纳入道德与法治的课程评价体系之中。所以，要把课程评价与学生日常行为表现结合起来，做到学以致用、知行统一。

(2) 构建全面的评价体系

长期以来，道德与法治课程多在期末考查学生的学习表现，重视结果评价，忽视过程评价，较少开展增值评价。新课标提出要改进结果评价，强化过程评价，探索增值评价，构建全面的评价体系，全面反映学生核心素养的发展状况。

①改进结果评价。结果评价是指在一个教学阶段或是课程结束时，对学生发展结果的评价。以往对道德与法治教学结果的评价，多是在一节课学习之后，大多关注的是学生的道德认知，忽视了其他方面的评价。因为道德情感、道德行为的形成也需要一个过程，不可能通过一节课而形成，改进结果评价，就是要在一个相当阶段的学习完成后，基于真实的生活情境，以大主

题、大任务的形式设计考查题目，通过考查学生的道德认知、活动以及在学校、家庭和社会生活中的日常品行表现，全面了解学生的政治认同、道德修养、法治观念、人格品质和责任意识等方面的发展情况，引导学生合理运用评价结果，自我反思、自我教育、自我改进，发挥以评促教、以评促学、以评育人的功能。

②强化过程评价。核心素养形成的长期性和复杂性，决定了道德与法治课程评价不能只看一节课、一门课的结果。人的道德认知、情感和行为的变化更多地体现在前后相继的过程之中，很大程度上受到课程之外其他因素的影响。所以，道德与法治课程的评价要关注学生核心素养形成过程中的每一个环节，开展作业评价、课堂评价、学期评价、学校评价、家庭评价等多种形式，重视表现性评价，注重观察、记录学生在学校的学习、活动和日常生活中的行为表现、情感、态度和价值观，关注典型性行为，发现成长中的问题，分析和解决现实性问题，合理运用评价结果，改进学习，增强学生自我反思、自我改进的意识和能力，更好地促进学生成长。同时关注影响其形成的各种因素，及时调控各种因素，使之朝着有利于学生成长的方向发展，发挥教学评价的激励和改进功能。

③探索增值评价。增值评价，是指学生在接受一定阶段的教育后，其核心素养在各自起点或基础上进步、发展、成长、转化的幅度，并以此对学生个体进步做出评判的方法。由于结果评价运用同一个尺度，对学生的发展状况进行判定与比较，看到的是学生发展的绝对状况，看不到他们的增长程度，不能真实地反映学生的进步情况，因此有必要开展一些增值评价。实际上，一些学校开展的"争星""争章"等活动就属于增值评价。增值评价以学生各自的发展为起点，关注学生学习和成长的过程，关注学生在一定时期内思想品行发展的真实情况，以促进每个学生进步为重心，注重对学生的激励，这些都有助于调动学生学习的积极性，增强他们的自信心。

(3)坚持评价主体和方法的多元化

①坚持评价主体多元化，注重发挥学生的自我评价、自我教育的作用。以往的评价多注重结果，并且评价的主体主要是教师，而忽视了学生及同伴在评价中的作用。从学生发展的角度看，学生是自我发展的主体。学生发展中的问题，出在学生身上，也只能靠学生自己解决，因此，必须要把评价的主动权还给学生。德育评价要突出学生的自我评价。因为说到底，德育是学生的自我教育和自我觉醒。学生在自我评价中，只有做到自我反思、自我调整、自我改进，才能真正实现自觉成长。需要注意的是，强调学生的自我评价，并不是否认教师、家长对学生的评价。教师和家长是学生接触最多的人，因而是学生学校生活和家庭生活的引导者，不仅了解学生的品德和日常行为表现，而且对学生的发展负有重要责任。在这个意义上，他们也应该是评价的主体。总体而言，评价主体要多元化，充分发挥教师、学生、家长、社区在评价中的不同主体的作用，开展学生的自我评价、同伴评价、教师评价、家长评价、社区评价，通过不同评价主体的交流和协商，形成协同育人的合力。

②创新评价方式方法。道德与法治课程评价是复杂的，要综合运用各种方法，全面获取和掌握学生核心素养发展的相关信息，避免仅凭考试成绩判断学生水平。为此，一方面要改进道德与法治课程的考试评价，优化观察、访谈、作业、活动、纸笔测试等方法，探索基于核心素养的作业评价、考试评价，强化考试评价与学业要求、学业质量标准的一致性，促进"教—学—评"的有机衔接。另一方面，要利用信息技术创新评价工具，利用人工智能、大数据等现代信息技术，注重对学生日常行为的观察、记录和分析，开展基于证据的评价和档案袋评价，把定性与定量结合起来，以提升道德与法治课程评价的科学性、专业性和客观性。当然，运用人工智能技术对学生行为的观察记录，还必须严格遵守评价的伦理规范，尊重学生的人格，保护学生的

自尊心，不能侵犯学生的隐私，更不能歧视学生。

（六）学业质量

学业质量最初是在《普通高中思想政治课程标准（2017年版2020年修订）》中被写入课程标准的。《义务教育道德与法治课程标准（2022年版）》参考、借鉴了普通高中的做法，也设置专章对道德与法治课程的学业质量做出明确规定。

1. 学业质量的内涵

新课标指出，学业质量是学生在完成课程阶段性学习后的学业成就表现，它反映了发展学生核心素养的要求。简而言之，学业质量标准是以核心素养为主要维度，结合课程内容，对学生学业成就具体表现特征的整体刻画。

2. 学业质量的标准

根据不同学段学业成就表现的关键特征，道德与法治课程学业质量标准呈现的是学生学习成效的典型特征，反映课程目标的达成度，旨在引导教师转变育人方式，树立科学的学业质量观。学业质量标准是指导评价与考试命题的基本依据，也用于指导教材编写、教学与课程资源建设。

（1）学业质量是学生完成课程阶段性学习后的学业成就表现

所谓学业成就表现，就是学生在完成课程学习之后所表现出的认识提升以及以此为指导的行为发展。这种表现的具体形式是多样的。比如，常见的学业成就表现是学生的纸笔测试。除了纸笔测试，还可以利用访谈、讨论会、演讲会等形式，给学生发言和表现的机会。这个时候学生的表现也属于学业成就表现的范畴。

学生的学业成就表现与学生的学习状况直接相关。我们在对一个学生的学习情况进行评估时，往往应采取比较多的方式。在只重知识考查的时候，这种考查往往采取简单的纸笔测试，围绕知识的掌握程度展开，那些在这一方面下了较大功夫的学生往往会在此类测试中得到较高的分数和较好的评价。

但这种靠死记硬背得来的"成就"是经不起时间考验的，往往会"经不起大考"。在以核心素养为本的时代，我们已经无法以知识为基础和标准来衡量学生的学习程度了，这就需要我们找到新的标尺，完成对学生学业成就表现的新的刻画。学业质量标准就是在这样的背景下应运而生的。

(2)学业质量标准是对学生学业成就具体表现特征的整体刻画

新课程标准指出："学业质量标准是以核心素养为主要维度，结合课程内容对学生学业成就具体表现特征的整体刻画。"要想知道学生"学得怎么样"，就必须有一套科学的标尺来刻画学生完成学习任务之后"学成什么样"。

基于以上认识，道德与法治课程标准专门设置了学业质量的框架表。按照课程标准的说法，"根据不同学段学业成就表现的关键特征，道德与法治课程学业质量标准呈现的是学生学习成效的典型特征，以反映课程目标的达成度"。由此可见：学业质量是对学生学习某些课程内容之后会具有的某种行为表现进行的描述。如果某个学生的行为表现符合这种描述的要求，就认为这个学生达到了教学要求，实现了核心素养的提升。因为这个时候衡量学生进步程度的标尺不再是知识背诵的情况，教师也无法再按照应对简单记忆的方式来衡量学生的进步程度。因此，按照学业质量标准编写教材、落实教学、实施评价，就成为提高学业质量的具体形式。课程标准明确提出，学业质量标准是指导评价与考试命题的基本依据，也用于指导教材编写、教学与课程资源建设。

(3)学业质量标准解决的是"教—学—评"一致性的问题

教师的教，依据课程标准和教材，归根到底是为学生的学提供帮助和指导。学生在教师的指导下推进学习，必然要从教师的教法里找到恰当的落实方式。而教师教得好不好、学生学得好不好，需要科学合理的评价机制。学业质量描述就是落实这种科学评价的客观标准。借助学业质量评价，教师可以发现学生的素养水平发生了什么样的变化，是否可以按照理想的行为表现付诸行动。在整个标尺之下，教师的教、学生的学、学业质量的评价，都指向共同的目标，课程的育人价值也就有了落地的显著效果，体现了"引导教师转变育人方式，树立科学的学业质量观"的目标定位。

3. 学业质量的描述

前文已述，学业质量最早是普通高中课程标准中使用的概念。普通高中思想政治课程标准将思想政治的学业质量水平参照思想政治学科核心素养水平分为四级。根据义务教育道德与法治课程标准附录的"核心素养学段表现"，道德与法治课程的核心素养分为两级，即小学学段的核心素养和初中学段的核心素养。其中，小学阶段一般被分为两个层次，而初中阶段没有分层。

新课标对初中阶段的学业质量描述如下：

能够结合史实阐明伟大建党精神是中国共产党的精神之源，是我们党领导人民向第二个百年奋斗目标进军的强大动力（政治认同、道德修养）；能够结合实例初步阐释中国共产党为什么能、马克思主义为什么行、中国特色社会主义为什么好；了解中国发展的历史方位与中国社会的主要矛盾，能够简要论述习近平新时代中国特色社会主义思想是当代中国马克思主义、二十一世纪马克思主义，能够深刻理解中国特色社会主义进入新时代，党和国家事业取得的历史性成就、发生的历史性变革（政治认同、道德修养）；能够结合实例阐明人民代表大会制度、中国共产党领导的多党合作和政治协商制度、民族区域自治制度、基层民主制度、"一国两制"的基本内容和意义（政治认同、法治观念）；能够尝试化解青春期烦恼，采取正确方法面对成长过程中的顺境和逆境，自我管理，敬畏生命，热爱生活（道德修养、健全人格、责任意识）；能够结合社会发展和个人实际制订个人生涯发展规划，具有实现中华民族伟大复兴的使命感和责任感（政治认同、责任意识）；了解习近平法治思想，具有宪法法律至上的观念，能够正确认识和行使公民权利、履行公民义务，运用实际案例说明与生活相关的法律规定（法治观念、责任意识）；能够举例说明社会主义先进文化、革命文化和中华优秀传统文化的主要特征,坚定文化自信(道德修养、政治认同);能够结合实例理解维护国家安全的重要性,阐明如何自觉维护国家安全(政治认同、法治观念、责任意识);知道全人类共同价值的内涵,具有初步的国际视野,了解主要的国际组织,阐明维护以联合国为核心的国际体系的意义,阐述构建人类命运共同体的意义(政治认同、责任意识)。

综上所述,《义务教育道德与法治课程标准(2022年版)》是《普通高中思想政治课程标准(2017年版2020年修订)》修订理念的延续发展,更是2001年以来新课程改革的继承与超越。本次修订的根本任务是构建我国义务教育课程与教学新体系,为义务教育高质量发展奠定基础。新课标以素养导向、综合育人、实践育人三大核心原则,体现了基于未来教育观的课程理念、基于核心素养观的课程目标、基于理解性教学观的课程内容、基于跨学科学习观的课程组织,以及基于表现性评价观的课程评价。①

第三节 高中思想政治课程标准解读

中国特色社会主义进入新时代,这是我国现阶段所处的新的历史方位。习近平总书记在党的十九大报告中指出:"青年一代有理想、有本领、有担当,国家就有前途,民族就有希望。"为了培养新时代中国特色社会主义事业合格建设者和可靠接班人,我们必须以立德树人为根本任务,以培养担当民

---

① 张华:《新课标,到底新在哪?——〈当代教育家〉专访张华》,《当代教育家》2022年第5期。文中认为,未来教育观主张教育应面向未来急剧变化和高度不确定的情境,培养学生适应变化并拥抱不确定性的态度、善于解决真实情境中问题的高级能力、勇于承担个人选择后果并履行他人和社会义务的责任感。核心素养观是要让课程目标始终聚焦于培养学生在真实情境当中解决复杂问题的高级能力,也就是培养学生可普遍迁移的正确价值观、必备品格和关键能力。理解性教学观认为知识的本质是理解或解决问题,教学的主要任务是提高学生的理解力。跨学科学习观认为学科是从社会生活、职业生活、日常生活当中逐步分化出来的,学科与社会生活、自然世界、人的心理经验存在内在联系。表现性评价观认为人的核心素养与外部行为的表现存在重要的内在联系。

族复兴大任的时代新人为己任。作为在高中教育阶段落实立德树人根本任务的关键课程，中学思想政治课程的责任和使命十分重大。

一、《普通高中思想政治课程标准（2017年版2020年修订）》的修订

为了完成新时代育人目标和任务，教育部于2014年全面启动普通高中课程标准的修订工作。中学思想政治课程标准修订组坚定中国特色社会主义道路自信、理论自信、制度自信、文化自信，在以往思想政治教育成功经验的基础上，汲取世界教育发展的有益成果，开创性地构建了以实践活动为基础、以学科核心素养的培养为主流、以活动型课程为框架、以议题式教学为引导的崭新的课程标准，力求更加有效地培育学生的马克思主义理论水平，使之牢固树立共产主义的远大理想和中国特色社会主义的共同理想，自觉培育和践行社会主义核心价值观，理解推动中华优秀传统文化创造性转化、创新性发展的重要意义，在立足于民族传统的基础上不断拓展国际视野，在继承革命文化的基础上坚持和发展社会主义先进文化。

(一) 修订和完善

本次思想政治课程标准的修订，主要遵循了以下四方面的原则。

1. 按照培养德智体美劳全面发展的社会主义建设者和接班人的新要求，开创性地以学科核心素养的培养为主线来研制新的普通高中思想政治课程标准

长期以来，我们国家的宏观育人目标非常明确，即培养德智体美劳全面发展的社会主义建设者和接班人。但是，中观的学科育人目标则比较笼统，造成了师生在微观的教学过程中更关注具体的知识点学习，而忽视了育人目标的达成。也就是说，上接宏观目标、下联课堂教学目标的中观的育人目标存在的不足，导致了宏观育人目标和课堂教学目标的有机联系不够。针对这个问题，本次课程标准修订基于中学生发展核心素养，把党的教育方针具体

化。各学科结合自身特点凝练地提出了涉及本学科课程学习的正确价值观、必备品格和学习能力的学科核心素养。其目的就是纠正以往重教书轻育人的倾向，引导各学科教师在教学过程中，更加关注学科思想价值、品格陶冶以及思维方式的培育。具体到中学思想政治课程标准的设计上，过去我们往往把党的教育方针作为课程目标直接搬来，缺少把这些宏观目标与具体教学内容结合起来的中间环节。

本轮高中课程改革，专家学者们基于中学生发展核心素养，紧紧抓住思想政治学科意识形态属性强这一特点，着眼于学生长远发展的需要，在广泛征求意见的基础上，经过深入研究、反复推敲，凝练出高中思想政治学科核心素养，即"政治认同""科学精神""法治意识""公共参与"四大核心素养。中学思想政治课程核心素养的设计原则为"上不空挂，下不失联"。所谓"上不空挂"，是指学科核心素养必须与党的教育方针和马克思主义中国化时代化最新成果相联系，在思想政治学科中体现中学生发展核心素养，落实党的教育方针和立德树人根本任务。也就是说，思想政治学科核心素养是这门课程内容与教育方针连接的中介或桥梁。所谓"下不失联"，是指学科核心素养的培养，必须以课程内容作为思想政治教育过程展开，必须明确本学科核心素养是思想政治课程的核心素养，课程内容应基于思想政治课程核心素养的培育来加以选择。

修订后的高中思想政治课程标准，把培育积极的人生态度、价值取向、健全人格、创新意识和关键能力有机地整合为课程目标，使知识与技能、过程与方法、情感态度价值观的教育目标融为一体，并且为提升学生的思想政治学科核心素养提供了可行的课程内容、学习方式、教学策略、评价方法。通过新的高中思想政治课程标准的实施，可以有效地解决知识与能力、学科与育人的分离问题，避免知识积累与创新意识及社会实践能力培养脱节的现象。

2. 基于立德树人根本任务，着力于用习近平新时代中国特色社会主义思

想铸魂育人，确定了高中思想政治学科核心素养的基本内涵

高中思想政治学科核心素养主要包括政治认同、科学精神、法治意识和公共参与。它们不是政治学、法学、经济学、哲学、文化学、社会学等学科素养的组合，而是由这些内容构成的一个有机的统一体，在内涵上相互交融、在逻辑上相互依存。其中，培育学生的政治认同是思想政治学科最根本、最核心的任务。

我国公民的政治认同，就是拥护中国共产党的领导，坚持和发展中国特色社会主义，认同中华人民共和国、中华民族、中华文化，弘扬和践行社会主义核心价值观。就是要培养学生对中国共产党和社会主义的真挚情感和坚定信念，使学生自觉拥护中国共产党的领导，坚定中国特色社会主义道路自信、理论自信、制度自信、文化自信，弘扬和践行社会主义核心价值观。党的十九大以来，把习近平新时代中国特色社会主义思想确立为党必须长期坚持的指导思想并庄严地写入党章，实现了党的指导思想的与时俱进。在新时代强化政治认同，就是要着力于用习近平新时代中国特色社会主义思想铸魂育人。政治认同是其他素养的内在灵魂和共同标识。

我国公民的科学精神，就是在认识世界和改造世界的过程中表现出一种精神取向，即坚持马克思主义的科学世界观和方法论，能够对个人成长、社会进步、国家发展和人类文明做出正确的价值判断和行为选择。

我国公民的法治意识，就是尊法学法守法用法，自觉参加社会主义法治国家建设。高中思想政治学科培养法治意识，其目的是增强青少年的法治精神、法律素养，使他们在生活中学会依法行使权利，履行义务，严守道德底线，维护公平正义，做社会主义法治的忠实崇尚者、自觉遵守者、坚定捍卫者。

我国公民的公共参与，就是有序参与公共事务，勇于承担社会责任，积极行使人民当家作主的政治权利。

3. 着眼于培养担当民族复兴大任的时代新人，以思想政治学科核心素养为主线，构建普通高中思想政治学科的课程体系

实现中华民族伟大复兴的中国梦，必须建立在未来青年德才兼备、勇于创新、堪当民族复兴大任的基础之上。中国梦是历史的、现实的，也是未来的；是国家的、民族的，也是每一个中国人的；是我们的，更是青年一代的。有了一代又一代青年人的接力奋斗，中国特色社会主义事业就有源源不断的青春力量。要实现这一点，需要青年人有理想、有本领、有担当。也就是说，青年一代不仅要有正确的价值观、扎实的知识，而且要有敢于担当的勇气和善于实践的能力。所谓素养，说到底就是使命感、责任心和实践创造能力。加强素养教育，就是要让学生懂得劳动是推动人类社会进步的根本力量，教育引导学生崇尚劳动、尊重劳动，懂得劳动最光荣、劳动最崇高、劳动最伟大、劳动最美丽的道理，长大后能够辛勤劳动、诚实劳动、创造性劳动，把爱国情、强国志、报国行自觉融入坚持和发展中国特色社会主义事业、建设社会主义现代化强国、实现中华民族伟大复兴的奋斗之中。培养学生的实践能力和劳动创造精神，这正是我们培养学生核心素养的初衷所在。

以思想政治学科核心素养为主线，是指学习内容是根据思想政治学科核心素养加以选择的，课程体系是基于思想政治学科核心素养加以构建的，教学策略是根据思想政治学科核心素养加以设计的，学习方式变革是根据思想政治学科核心素养加以推进的。课程必须服务于人的成长需要，这就需要把立德树人作为根本任务。一方面，要把坚定理想信念、培养健全人格放在首位；另一方面，要把知行合一作为目标，注重对正确价值观、必备品格和关键能力的培养。

4. 基于培养学科核心素养的要求，为了有效实现知行合一的目标，构建了活动型课程

活动型课程的构建是本轮思想政治课程改革的最大亮点。活动型课程的

基本内涵是学科内容采取基于社会实践活动的课堂模拟活动、探索活动和思维活动等方式呈现，即"课程内容的活动化"。或者说，学科内容的展开方式往往是一系列活动的结构化设计。

为此，我们要从以下四个方面着力：

一是强化以学习者为中心的活动设计，把理论观点的阐述置于社会生活和学生活动的主题之中，通过议题研讨、案例分析、实地调研、撰写小论文等方式，引导学生在体验社会生活及自身的思维活动中理解理论的真谛。

二是强调辨析式学习过程的价值引领，强调通过范例分析表达观点，使学生在价值冲突中深化理解，在比较鉴别中提高认识，在探究活动中开阔视野。

三是倡导综合性教学形式，注重复杂情境创设，引导学生多维度观察、多途径探究，学会进行综合分析，更好地解决思想政治教育内容固化、形式僵化、路径单一等问题。

四是广泛开展系列化社会实践活动，从学生的成长需要出发，将学科内容与社会实践活动相结合，开展丰富多彩的社会实践活动，促进教学内容和形式的有机结合，让学生在践行正确价值观的过程中逐渐形成行动自觉。

《普通高中思想政治课程标准（2017年版）》是在普通高中课程方案和课程标准实验稿的基础上，基于十几年普通高中课程改革实践的经验，同时融入党的十八大、十九大关于立德树人根本任务等要求，体现进一步深化普通高中课程改革的需要修订而成的。它体现了鲜明的铸魂育人导向，思想性、科学性、时代性、整体性等特色明显增强。

（二）亮点和特色

本次高中思想政治课程标准的修订，有以下几方面的亮点和特色：[①]

[①] 李晓东. 普通高中思想政治课程标准的修订与再更新[J]. 教育参考, 2021(1): 7.

1. 全面落实习近平新时代中国特色社会主义思想，加强党的全面领导

为了落实习近平总书记关于"加强党对教育工作的全面领导，是办好教育的根本保证"的指示，新课程标准"对地方和学校实施本课程的建议"部分，增加"加强党对课程实施的全面领导"作为第1条，明确"要坚持统一性和多样性相统一，落实教学目标、课程设置、教材使用、教学管理等方面的统一要求，又因地制宜、因时制宜、因材施教。建立党委统一领导、党政齐抓共管、有关部门各负其责、全社会协同配合的工作格局，推动形成全党全社会努力办好思想政治课的良好氛围。学校党委要坚持把从严管理和科学治理结合起来。学校党委书记、校长要带头走进课堂，带头推动思想政治课建设，带头联系思想政治课教师"。这些内容，都是根据2019年的学校思想政治理论课教师座谈会讲话精神提出的具体要求。

2. 紧扣时代主题的课程内容，体现时代的新热点、新要求

全面贯彻习近平新时代中国特色社会主义思想、中国特色社会主义进入新时代是我国发展新的历史方位、新时代我国社会主要矛盾、全面建设社会主义现代化国家新征程等内容，切实体现在课程内容的框架设计和实施建议的全过程。

新课程标准突出中国特色社会主义制度和"四个自信"，旗帜鲜明地将习近平新时代中国特色社会主义思想、十九届四中全会精神融入思想政治课程标准，对课程性质、基本理念、课程内容等方面进行了优化。如"前言"部分，明确将落实全国教育大会精神作为课程标准的根据。"基本理念"部分，增加了"用习近平新时代中国特色社会主义思想铸魂育人，培养德智体美劳全面发展的社会主义建设者和接班人"。必修模块1"中国特色社会主义"部分，提出了对"四个自信"的显性表达。必修模块4"哲学与文化"部分，教学建议"以'文化的力量有多大'为议题，探究中国特色社会主义文化的影响力，理解坚持马克思主义在意识形态领域指导地位这一根本制度的意义"。

在新课标"经济发展与社会进步"教学提示部分，增加了"可结合抗震救灾、防疫抗疫等，帮助学生了解党和国家始终把确保人民群众生命安全和身体健康放在第一位的基本事实，深刻理解我国为什么要坚持以人民为中心的发展思想"的提示内容；在"中国特色社会主义的开创与发展"的教学提示部分，进一步明确教师"可结合载人航天、探月工程、北京奥运会、抗震救灾、防疫抗疫等"进行教学。

3. 以培育学科核心素养为导向，对接"德智体美劳"教育体系

凝练学科核心素养，是修订课程标准最具标志性的变化。唯有就相关话题想透彻、说明白、成共识，才能纲举目张，有效探讨所有环节的所有话题。按照新课标理念，学科核心素养成为表达课程目标的新模式，整合课程内容的逻辑框架，划分质量水平的关键依据，主导课程实施的重要引擎。

依据全国教育大会的精神，在涉及普通高中教育定位、指导思想和培养目标等的相关表述中，2020年修订版的课程方案和课程标准都将"培养德智体美全面发展的社会主义建设者和接班人"调整为"培养德智体美劳全面发展的社会主义建设者和接班人"。为落实劳动教育的要求，特别是落实习近平总书记强调的"要在学生中弘扬劳动精神，教育引导学生崇尚劳动、尊重劳动，懂得劳动最光荣、劳动最崇高、劳动最伟大、劳动最美丽的道理，长大后能够辛勤劳动、诚实劳动、创造性劳动"等要求。"基本理念"部分，在原来"关注思想政治学科核心素养的培育"之后，增加了"坚持教育与生产劳动和社会实践相结合"，并将"使理论观点与生活经验有机结合"修改为"使理论观点与生活经验、劳动经历有机结合"，将"要注重学生学习和社会实践活动的行为表现"修改为"要注重学生学习、劳动和社会实践活动的行为表现"。在"认识社会与价值选择"教学提示部分增加了"劳动对实现人生价值有何意义"的议题讨论；在"经济发展与社会进步"内容要求部分，增加了"阐明劳动对社会发展和进步的意义，弘扬劳动精神，树立崇尚劳动、热爱劳动的观念"。以上这些变

化，都是从基本理念上明确劳动教育的重要性。

4. 以打造活动型学科课程为主线

所谓活动型学科课程，就是课程内容采取活动设计的方式呈现，即"课程内容活动化"。也可以理解为学科内容的课程方式就是一系列活动及其结构化设计，即"活动设计内容化"。这是新课程最具特色的变化。这一变化是以学科核心素养主导课程实施的必然选择，也是思想政治课教学走出困局的关键性抉择。因此，也被视为修订思想政治课程标准最具创新意义的亮点之一。

5. 制定学业质量标准

经验告诉我们，课程改革能否取得实质性进展，一个决定性的指标，就是课程标准的权威能否真正树立起来。其中，一个标志性的判断依据，就是学业质量标准管不管用。可以说，学业质量标准被真正贯彻和落实之日，就是以核心素养为导向的课程改革的理想真正实现之时。这次修订课标，首次把学业质量标准纳入其中，无疑成为解决这个问题的关键抓手。本次课程标准的修订，对于学业质量标准有了明确的规范和说明，使教学评价更具有操作性和可行性。新课程能否行稳致远，归根到底需要评价体系的完善和保障。

6. 突出了对思想政治课教师的要求

新课标在"教学与评价建议"部分，强调"讲好思想政治课关键在教师"，并对思想政治课教师提出了相应的要求。习近平总书记提出，思想政治课教师应发挥积极性、主动性、创造性，按照政治要强、情怀要深、思维要新、视野要广、自律要严、人格要正的要求，不断提高自己的专业素养，坚持政治性和学理性相统一、价值性和知识性相统一、建设性和批判性相统一、理论性和实践性相统一、统一性和多样性相统一、主导性和主体性相统一、灌输性和启发性相统一、显性教育和隐性教育相统一，增强思想政治课的思想性、理论性和亲和力、针对性。

总而言之，新版思想政治课程标准是在贯彻全国教育大会精神和党的十九届四中全会精神的背景下，为落实立德树人根本任务，进一步完善中学思想政治课程所进行的调整，其对及时贯彻落实党中央、国务院的各项要求，指导当前普通高中思想政治课程的改革方向，确保课程标准在高中教学和质量评价中发挥正确的引导作用，意义重大。

二、《普通高中思想政治课程标准(2017年版2020年修订)》解读[①]

(一)课程性质

《普通高中思想政治课程标准(2017年版2020年修订)》明确提出：

高中思想政治课程是落实立德树人根本任务的关键课程，以培育社会主义核心价值观为目的，是帮助学生确立正确的政治方向、提高思想政治学科核心素养、增强社会理解和参与能力的综合性、活动型学科课程。

高中思想政治课程紧密结合社会实践活动，讲授马克思主义基本原理，讲授马克思主义中国化成果特别是习近平新时代中国特色社会主义思想，引导学生经历自主思考、合作探究的学习过程，理解中国特色社会主义进入新时代的历史方位，了解新时代中国特色社会主义经济、政治、文化、社会、生态文明建设和党的建设进程，培育政治认同、科学精神、法治意识和公共参与等核心素养，逐步树立共产主义远大理想和中国特色社会主义共同理想，坚定中国特色社会主义道路自信、理论自信、制度自信、文化自信，基本形成正确的世界观、人生观、价值观。

高中思想政治课程具有学科内容的综合性、学校德育工作的引领性和课程实施的实践性等特征，它与初中道德与法治、高校思想政治理论等课程相互衔接，与时事政治教育相互补充，与高中其他学科教学和相关德育工作相互配合，共同承担思想政治教育立德树人的任务。

---

① 韩震.用习近平新时代中国特色社会主义思想铸魂育人：统编普通高中思想政治教材的编写背景及主要特点[J].基础教育课程，2019(10)：49.

通过以上表述可以看出，高中阶段的思想政治课程既是一门进行马克思主义基本观点教育的课程，也是一门提高高中学生社会理解和参与能力的课程，还是一门培养新时代学生思想政治素养的课程。

对学科本质的把握，是我们论证一切问题的基础。作为中国特色的德育课程，具有不同于其他任何国家相关课程的核心价值；作为一门学科课程，具有不同于一般德育工作的学科特点；作为学科课程体系中的科目，具有不同于一般科目的整合方式；作为专门进行思想政治教育的学科，具有不同于一般学科教育立德树人的功能。这种跨学科整合的"大德育"课程，有中华历史文化的渊源和革命文化的基因，纵然经历过多次大的调整，其根本意义和价值一脉相承、初心不改。

从课程发展的内在逻辑看，中学思想政治课程整合方法论的变迁，大体经历了三个阶段：学科化—常识化—生活化。每个阶段都烙印着时代的痕迹。就当下所处的中国特色社会主义新时代的目标设置而言：

第一，要始终把政治教育即意识形态教育的使命置于首要地位，贯穿于课程实施的全过程，这是对课程核心价值的把握，即"一元主导"。

第二，要立足我国现代化建设和改革开放的实践，不断丰富德育内涵、拓展德育途径、划分德育层次，这是对课程改革趋势的把握，即"多元并举"。

第三，就目标实施而言，既要避免大学课程"压缩饼干式"的"学科化"，又要避免所有德育工作的"被课程化"。课程不是一个筐，不能什么都往里面装。重要的是，必须明确中学思想政治课程是思想政治教育"主渠道"。

(二) 基本理念

所谓课程理念，就是我们对课程的期许，涉及目标、结构、内容、实施、评价等诸多方面。它是对课程应该是什么样子的理论构想，也是把握课程标准所有要义的指南。如果说课程性质的阐述，宣示了一脉相承的坚守，那么课程理念的阐述，则宣示了与时俱进的追求。因此，中学思想政治的课程理念包括：

第一，坚持正确的思想政治方向。

第二，构建以培育思想政治学科核心素养为主导的活动型学科课程。

第三，尊重学生身心发展规律，改进教学方式。

第四，建立促进学生思想政治学科核心素养发展的评价机制。

正是基于以上的课程理念，要求我们以"三贴近"为基础，以学科知识为支撑，以培育核心素养为主导，以建构活动型学科课程为主线，来组织和实施中学思想政治课程的教学活动。

(三)学科核心素养

学科核心素养是学科育人价值的集中体现，是学生通过学科学习而逐步形成的正确价值观念、必备品格和关键能力。思想政治学科核心素养，主要包括政治认同、科学精神、法治意识和公共参与等四个方面。

如果说学生发展核心素养是党的教育方针的具体化、细化，那么培养学科核心素养就是学科课程对全面贯彻党的教育方针、落实立德树人根本任务、发展素质教育不可替代的育人价值。基于学科本质凝练学科核心素养，是在整合传统知识与技能、过程与方法、情感态度价值观三维目标的基础上，呈现思想政治课程总目标的新模式。

(四)课程目标

思想政治课的课程目标，就是思想政治学科核心素养在学生身上的具体表现。作为课程目标描述的每个素养表现，都包含知识、能力和情感态度价值观三个维度。新课标对课程目标的规定显示出从"三维并举"到"三维一体"的呈现方式。采用这种呈现方式，凸显了核心素养的学科意义和育人价值。既坚持了呈现课程目标依然着眼三个维度，又强调了三维目标之间密不可分的关系，体现了课程实施更加注重"三维一体"推进的要求。此外，相对于分别阐述三维目标，采取逐项阐述核心素养的呈现方式，也是一脉相承、与时俱进的。

(五)课程结构

依照新课程方案的规定，必修课指向学业水平的合格性考试，选择性必修课指向学业水平考试等级性考试和高考，选修课由学生自主选择，学而不考或学而备考，可在高校自主招生中体现。这种课程设计安排，坚持基础性和选择性的统一，力求教与学相对接，便教利学，可考可测。

1. 设计依据

第一，聚焦思想政治核心素养，讲述马克思主义基本原理，紧跟实践基础上的理论创新进程，阐明习近平新时代中国特色社会主义思想，落实立德树人根本任务，全面加强爱国主义、集体主义、社会主义教育，体现思想政治学科的课程性质与理念。

第二，坚持改革方向、问题导向，立足当下、不忘本来、面向未来，彰显一脉相承、与时俱进的改革信念。

第三，根据博采众长、为我所用的原则，在坚守本色、保持特色的同时吸收、借鉴国际教育发展的经验。

第四，促进知行合一，凸显活动型学科课程的实践性和参与性特点。

第五，贯彻整体构建、有序衔接、依次递进的思路，在统筹规划大中小学德育课程的框架中，定位高中阶段的内容目标。

第六，遵循教育规律和学生成长规律，课程设计兼顾基础性与选择性、提高学习效率与减轻学业负担的要求，促进学生全面而有个性地发展。

2. 课程结构分析

以发展中国特色社会主义为主线设计必修课程的整体框架，包括四个模块。基于必修课程强调实践体验的要求，采取内容与活动相互嵌入的组合方式。基于选择性必修课程和选修课程是必修课程延伸的需要，确定选择性必修模块和选修模块与必修模块的关系。

在时间安排上，必修课程各模块应按顺序依次开设，其中模块 1 和模块 2 为一学期，模块 3 与模块 4 各为一学期；选择性必修课程模块可灵活安排。

在课程评价上，确定本课程作为学业水平等级性考试科目的学生，应学习选择性必修课程模块，其考试成绩计入高校招生录取总成绩。针对于此，教师应与家长一起，综合考虑学生的个人需求和升学考试要求，指导学生选课。

(六)课程内容

1. 必修课程

以发展中国特色社会主义为主轴，以"四个自信"为"四维"，以四个素养要素为"四梁"。其中，模块 1 采取历时性方式，主要讲授为何开创和发展中国特色社会主义；模块 2、3、4 依托模块 1 的讲授，采取共时性方式，讲如何坚持和发展中国特色社会主义。

(1)内容分析

必修课程的总架构，围绕"高举旗帜"的主题，既鲜明地贯彻了"坚持不懈传播马克思主义科学理论，抓好马克思主义理论教育"的要求，又充分体现了新时代中国特色社会主义理论创新和实践创新。

模块 1：中国特色社会主义（1 学分）

着眼于人类社会的发展历程，立足于中国特色社会主义的伟大实践，明确中国特色社会主义是科学社会主义理论逻辑和中国社会发展历史逻辑的辩证统一，中国特色社会主义已进入新时代，帮助学生树立为共产主义远大理想和中国特色社会主义共同理想而奋斗的信念。

模块 2：经济与社会(1 学分)

依据习近平新时代中国特色社会主义经济思想的基本原理，讲述我国社会主义基本经济制度，解析社会主义市场经济的基本特征，阐释指导我国经济社会发展的新理念，帮助学生理解全面深化改革的意义，提升在新时代参与社会主义现代化建设的能力。

模块3：政治与法治（2学分）

以党的领导、人民当家作主、依法治国有机统一为主线，讲述党的领导是人民当家作主和依法治国的根本保证，人民当家作主是社会主义民主政治的本质特征，依法治国是党领导人民治理国家的基本方式，奠定学生政治立场与法治思维的基础。

模块4：哲学与文化（2学分）

阐明马克思主义哲学是科学的世界观和方法论，讲述辩证唯物主义和历史唯物主义基本观点，坚持实践的观点、历史的观点、辩证的观点、发展的观点，在实践中认识真理、检验真理、发展真理。讲述社会生活及个人成长中价值判断、行为选择和文化自信的意义。为培育学生思想政治素养，形成正确的世界观、人生观和价值观奠定基础。

（2）框架分析

模块1讲基本原则：以中国特色社会主义的选择为主题，以社会形态的历史演进为主线，以树立理想信念为主旨。

模块2讲经济建设：以发展中国特色社会主义经济为主题，以经济体制改革为主线，以树立新发展理念为主旨。

模块3讲政治建设：以发展中国特色社会主义政治为主题，以三者统一为主线，以坚定政治立场和方向为主旨。

模块4讲哲学基础：以马克思主义哲学为主题，以四大观点为主线，以树立三观和文化自信为主旨。

（3）呈现方式

必修课和选择性必修课，作为国家规定课程，遵循"主题概述""内容要求""教学提示"和"学业要求"四部分的规范，呈现课程内容。其中，"主题概述"是讲本模块的基本框架和作用;"内容要求"讲学习什么,分为主题和专题两个层次;"教学提示"即讲经过怎样的学习;"学业要求"讲要达到什么结果。必修课呈现内容采用列表方式,以便更好地反映教学内容与教学活动相互嵌入、有机融合的意图。具体讲,必修课的"内容要求"与"教学提示"分两栏,并以主题为单位一一对应。其主要效果不仅在于更加细化教学过程的引导和明确学习结果的要求,而且便于"内容要求"的知识性内容与活动建议相连接,更有助于明晰核心素养的指向,引导活动型学科课程的塑造。

相对于其他学科课程,这可以说是思想政治课程所特有的呈现方式。比如关于"教学提示"的说法,在中学思想政治课程中,"教学提示"的功能至关重要。既包括课堂教学的提示,也包括社会活动的提示;既提示课程内容,又提示活动建议。此外,每项提示都围绕一个议题展开,既提示需要涉及的相关内容,又建议采用可供选择的活动形式;既不脱离"内容要求",也不重复"内容要求",实际上充当了细化"内容要求"和对接社会活动的枢纽。

2. 选择性必修课程

模块1:当代国际政治与经济

围绕当今世界多极化与经济全球化趋势,解析不同的国家性质和国家形式,说明国际关系的主要影响因素和世界经济发展的基本特点,介绍国际组织的主要类型及其作用,引导学生在拓展国际视野的过程中,坚持总体国家安全观,坚定不移地走中国特色社会主义道路,积极贡献中国智慧和力量,推动构建人类命运共同体。

模块2:法律与生活

聚焦公民依法维护合法权益的法律行为,介绍公民一般的民事权利和义务,了解婚姻家庭中的法律关系和法律责任、劳动关系的法律保障、社会纠纷的解决机制和法律程序,为学生进一步发展思想政治学科核心素养,增强法治意识,提供日常生活的法律常识。

模块3：逻辑与思维

通过科学思维的训练，引导学生掌握科学思维的基本要求，把握遵循逻辑思维和辩证思维的方法，提高创新思维能力，学会运用科学思维探索世界、认识世界。出于必修课程的延伸和等级考试科目的考量，更为注重国际视野的扩展、相关内容的充实，更为关照知识的应用性。

3. 选修课程

模块1：财经与生活

本课程模块的开设，目的是在中国特色社会主义进入新时代，帮助学生更好地立足于社会主义市场经济运行和社会主义现代化建设的需要，了解经济生活的基本概念和原理，提升学生正确理解和积极参与经济生活的能力，帮助学生进一步树立正确的财富观与人生观，坚持公正、法治的价值取向，践行敬业、诚信的价值准则。

模块2：法官与律师

本课程模块的设置，目的是帮助学生更多地了解法官和律师这两种有代表性的法律职业不同的职责和共同的使命。理解法官和律师对于维护公平正义、推动社会进步的作用。在参与社会主义法治文化建设的实践中，不断增强法治意识，进一步提高法治思维和用法、护法能力。

模块3：历史上的哲学家

本课程模块的设置，目的是帮助学生更多地了解中外历史上唯物主义与唯心主义哲学流派的代表人物及其核心思想。通过对不同哲学观点进行比较、鉴别和评价，看到哲学的时代价值及影响历史进程的作用。每一个时代的理论思维，都是历史的产物，学习哲学史可以帮助我们提高理论思维水平，更加自觉地理解和掌握马克思主义哲学原理。

(七)学业质量

学业质量标准，处于课程标准的中枢环节。它上承课程目标，同时又是课程内容的结晶；下接课程实施，是指导教学与评价、学业水平考试命题、教材编写的依据。在课程标准的整体框架中，理解学业质量标准，要确立"四个基于"的大思路：基于学科本质及其育人价值提炼学科核心素养；基于学科核心素养及其水平把握课程内容；基于课程目标及其学业要求撰写学业质量标准；基于学业质量标准形成测试评价标准。

1. 学业质量内涵

学业质量是学生在完成本学科课程学习后的学业成就表现。学业质量标准是以本学科核心素养及其表现水平为主要维度，结合课程内容，对学生学业成就表现的总体刻画。依据不同水平学业成就表现的关键特征，学业质量标准明确将学业质量划分为不同水平，并描述了不同水平学习结果的具体表现。思想政治学科学业质量是阶段性评价学业水平合格性考试和学业水平等级性考试命题的重要依据。

2. 学业质量水平

学业质量水平的划分是基于整体性的课程内容。模块与模块之间、必修课与选择性必修课之间的内容差异，不是区分学业质量的依据。就理念层面而言，问题在于捋顺学业质量标准同核心素养、课程内容的关系。具体来讲，就是如何基于学科核心素养及其水平把握课程内容；如何基于课程内容及其学业要求撰写学业质量标准。就操作层面而言，主要的问题包括：有关内容意涵的表达是否够清晰、有关水平等级的特征是否易辨识、有关素养目标的测试是否可操作。

我们要明确学业质量水平和核心素养之间的关系。衡量核心素养水平与衡量学业质量水平，所判别的对象都是"行为"而不是"答案"，所显示的水平都是"表现"而不是"要求"。正因为有这样的共同尺度，学业质量水平的特征才能匹配核心素养的水平特征，实现与学科核心素养水平的对接。需要注意的是，学业质量水平是可测评的学业成就，只能依循学习过程中完成特定任务的表现来判定。因此，与学科核心素养水平仅呼应情境问题的描述不同，唯有与课程内容目标相关联，学业质量水平才能显现学业成就，与学业水平及等级考试相对接。

（八）实施建议

中学思想政治课程教学的首要任务是全面贯彻十九大、二十大精神，包括习近平新时代中国特色社会主义思想的丰富内涵。中国特色社会主义进入新时代是我国发展新的历史方位、新时代我国社会主要矛盾、全面建设社会主义现代化国家新征程，都要切实体现在教学实施的全程。就具体过程的把握而言，突出问题则是如何真正体现学科核心素养导向。

1. 教学与评价建议

新课标对教学的建议集中于：围绕议题，展现活动型学科课程教学设计的思路；强化辨析，实现积极价值引领的路径优化案例；创设情境，走出教室，开展社会实践活动。

2. 学业水平与学业水平考试命题

把握学业水平考试的目标和要求，制定学科任务导向型的学业水平考试命题框架，测试学科核心素养发展水平的命题要求，制定基于学科任务完成质量的试题评分标准。此外，衡量学业质量水平的尺度不同于衡量其测试等级的尺度，还需要提供专门的测试工具，包括"测评框架"和"评级标准"。

3. 学业水平考试及其命题

第一，要有效设置相关的情境。针对所设置的情境引申出有意义的、指向核心素养的问题，要求被测者运用学科知识和技能、学科思想和方法完成某项任务，从而引发评价者预期的行为表现，由此证实核心素养水平。

第二，要强调试题的开放性。聚焦学科核心素养导向的测评，焦点不在于标准答案，而是以确认基本观点为共同标准，允许和鼓励学生从不同视角、用不同素材、基于不同经验、采取不同思路、表达不同见解、提出解决问题的不同方案。透过这种有差异的解题过程与思维过程，推断学生在特定情境中完成学科任务的不同质量，并依此来划分考试评价标准的等级。

需要注意的是，学业水平是以核心素养的测评为主旨，它不是结果导向的测评，而是过程导向的测评，所以它可以且理应不依赖于所谓的标准答案。

【思考题】

1. 简述新中国成立以来中学思想政治课程标准发展的历史。
2. 义务教育道德与法治课程的教学目标有哪些变化？
3. 如何理解高中思想政治课程的学科核心素养？

第三章
中学思想政治教材分析

所谓教材，顾名思义，是指教学所用的材料。对于中学思想政治课程而言，教材可以有不同层面的理解。从狭义的层面讲，现阶段中学思想政治课程的教材就是由教育部统一编写、全国中学通用的思想政治教科书，俗称"课本"；从较广义的层面讲，教材是指教师和学生使用的所有中学思想政治课程学习的教学用书或参考资料，包括课本在内的教学案、练习册、参考书等，都可以视为教材；从最为广义的层面讲，凡是有助于提升中学生的核心素养，在课程实施中能起到铸魂育人作用的所有教学材料及一切有益的社会资源，都可以称之为教材，这实际上是一种"大教材观"的理念。在新课程理念下，以上三种对教材的理解侧重点不同，但都是言之有据、言之成理的。由于个人能力和篇幅所限，本章所讨论的教材主要是指狭义的教材，也就是说，我们主要分析的是现行的中学思想政治教科书。

自从有了现代意义上的教材，就有了教材分析的问题。不过在传统的教学中，教材分析往往被看作是有关专家、学者的事，广大教师对教材分析的积极性不高，进行教材分析的空间也不大。然而实际上，教材作为最基本的教学材料和课程资源，对其进行分析理应是一线教师教学工作中的重要内容。

随着基础教育课程改革的发展，教师更应该成为课程和教学资源的应用者、开发者和研究者。这就要求中学思想政治教师必须提高分析教材的觉悟和意识，掌握分析教材的原理和方法，具备分析教材的能力和素养。

第一节　中学思想政治教材分析的基本原理

关于什么是中学思想政治学科教材分析，人们的理解并不一致，在操作上也有着不同的做法。按照一般的看法，思想政治学科的教材分析就是教师在反复阅读和深入钻研思想政治教材的基础上，弄清教材的逻辑结构和编排体系，明确教材的知识点、思想点、重点难点、广度深度以及思想教育因素等，为组织和驾驭教材、确立教学目标、选择教学方法、搞好教学活动打下基础的过程。简单地说，就是教师对教材的分析、理解和运用的过程。

一、中学思想政治学科教材分析的内涵及特点

(一) 中学思想政治学科教材分析的内涵

随着基础教育改革的发展，人们对中学思想政治学科教材分析的认识不断深化。有课程专家认为，中学思想政治学科教材分析应该是立足于学生发展的、置于特定背景下的、对教材以及与教材相关因素的整体性分析。[①] 也就是说，教材分析虽然是教师的行为，但必须以学生为中心，进行整体性、系统性的分析。

1. 中学思想政治学科教材分析是一种系统性、整体性的分析

中学思想政治学科的教材分析不仅仅是对教材本身的分析，还包括与教材相关的各种因素的分析。教师需运用系统性的思维和观点，将教材的各个

---

① 胡田庚. 中学思想政治课程标准与教材分析[M]. 北京：科学出版社，2012：181.

方面及其结构和功能进行整体性认识。整体性原则是系统思维方式的核心。中学思想政治统编教材强调学习任务群、大单元教学、情境创设、项目化学习等，其要义都是面向整体，深挖细究，最终培养学生的学科核心素养。因此，用系统性思维分析统编高中思想政治教材，才能吃透教材，进而创造性地解构、重组和整合教材内容。唯有如此，才能对教材既有"面"的理解，也有"点"的把控，从而在分析教材时做到左右逢源、游刃有余。

2. 中学思想政治学科教材分析应立足于学生的发展

按照传统的做法，对于中学思想政治学科的教材分析，一般是从学科体系的逻辑程序分析教材，重点在于分析教材的结构体系和逻辑结构。在新课程改革的背景下，按照"以学生为中心"的课程理念，教师的所有教学行为都应该以学生的发展为立足点和归宿，从学生经验出发，遵循学生的认知规律。因此，教师在分析教材时，也应该以学生为中心，把教材作为学生的"学材"，突出教材在学生发展中的作用和意义。

3. 中学思想政治学科教材分析要置于一定的背景下

每所学校、每个班级、每位学生所处的环境各有不同，决定了教材分析不能单纯从教材出发，而是要把教材分析置于特定的背景下，充分考虑到社会背景、学校背景、学生背景等各种因素。如党和国家新的路线方针政策的出台、科技发展和社会的进步、学校师资和办学条件的变化，以及学生的知识基础、认知特点、思想状况等，都需要加以综合考量。换句话说，教师对相关背景把握得越客观、越准确，教材分析就越有价值，越能为教学设计和教学活动奠定良好的基础。

(二)中学思想政治学科教材分析的特点

1. 教材分析是一种综合性的活动

教材分析应该综合与学生学习相关的各种因素，进行整体性思考。具体包括：熟悉当前先进的教育教学理念；综合分析课程标准、教材和教学参考书；开发各类相关教学资料与网络资源；了解学生的学习现状和发展要求；等等。只有在充分掌握和认真分析这些与教育教学密切相关的各种因素的基础上，才能准确地了解教材编写者的意图，把握教材内容及其结构和逻辑，进而对教学的内容、教学的重点难点、教学方法、教学手段、教学过程等进行综合分析，进而设计出一套科学的、行之有效的教学方案用以指导教学，帮助学生学好教材和相关的课程内容，提升其学科核心素养，达到良好的教学效果。

2. 教材分析是一种连接性的活动

学校是文化传承的重要场所，教材、教师、学生是学校文化传承中不可或缺的要素。教材是通过对众多类型的文化进行筛选、优化和整合，最终形成系统的知识内容呈现给学生的。但是，由于学生本身认知结构和理解能力的局限，他们很难掌握和运用这些内容，这就需要教材来支撑学生的学习，使学生理解和掌握适应社会发展的知识、技能、方法，形成正确的情感、态度和价值观，养成主流社会的行为规范。因此可以说，教材分析是连接学生和教材的一个最有效的媒介。教师正是通过对教材的分析来领悟教材编者的意图，获取教材的重要信息，同时根据学生的发展水平和实际需要，选择适合学生的教材内容及呈现方式，拉近教材和学生之间的距离，引领和支撑学生的学习。

3. 教材分析是一种构建性的活动

由于不同教师在教育理念、教学观念、知识构成、经验阅历、思考方法、思维特点、价值观等方面存在差异，面对同样的教材，对教材内容和结构的理解、对教学重点和难点的把握、对教材分析理解的深度和广度，都会出现一定的差异。因此，在一定意义上说，教师分析教材的过程，就是按照自己对教材和编者意图的理解，重新建构知识体系的过程。经过教材分析，教师重新建构了教材的文本意义以及知识、概念、观点、技能、价值、理念等方面的内容，甚至可以重新建构教材的结构、编排方式和呈现方式等。但无论如何，这种建构必须围绕思想政治课程标准展开，以培养学生的学科核心素养为最终目的。

(三) 中学思想政治学科教材分析的意义

教材是教学的基本材料，是教学活动不可或缺的重要因素之一。认真研究教材，仔细分析教材，对于教学活动的组织、教学任务的完成，以及教学质量的提高，无疑具有十分重要的意义。

1. 教材分析是准确把握教材的前提

任何一本教材及其体系均承载着教育性和知识性的内容，体现着知识之间的内在逻辑关系。中学思想政治课程的各模块都有其各自的内容体系，其中的每一单元、每一课、每一框、每一目都是教材的有机组成部分，都在教材体系中有其特殊的位置。只有经过教材分析和研究，教师才能从宏观上把握教材的整体内容，领会教材体系安排的意图，体会教材内容与体系的理论性、科学性，并认清局部的具体内容，从而理清整体与局部的关系，掌握教材和教学中的总体设计与局部安排，明确教材的中心线索与逻辑结构。这样一来，教师既能综观教材的全局，又能细致入微地理解局部教材的具体内容，为处理好教材和指导学生的学习打好基础。

2. 教材分析是教师教学设计的基础

教学设计是教师为实现教学目标、全面完成教学任务而对教学活动进行的规划和安排。教师进行教学设计，首先必须对教材进行认真研究和系统分析。只有这样，才能准确把握教材的基本结构和内容体系，以及教材的知识点、思想点、重点、难点、理论与实际的结合点，了解学生对教材相关知识学习的已有基础和现实困难。在此基础上，教师才能依据教材内容和学生实际去选择教学方法，安排教学进程，设计教学方案。由此可见，不认真分析研读教材，教师的教学设计也就无从谈起，教学活动自然也无法有效地开展。

3. 教材分析是提高教学质量的保障

现代教育教学理论认为，要实现教学的最优化，就必须实现每一教学要素的最优化和教学过程中每一环节的最优化。教材作为教学内容的重要载体，是教学活动中最基本的教学材料，它既是教师施教的"教本"，又是学生学习的"学本"，是教学的重要构成要素，在教学过程中具有十分重要的地位和作用，因而是实现教学最优化的重要方面。教师在教学中必须尊重教材，根据教材内容组织教学活动，不能舍本逐末，游离于教材之外另搞一套。当然，教师的教学也不能照本宣科、人云亦云。

二、中学思想政治学科教材分析的原则和方法

中学思想政治学科的教材分析应该如何展开，这是进行教材分析必须面对的问题。总的来看，中学思想政治学科教材分析的方法多样，可以从不同的角度去思考。在具体的教学实践中，教师要根据实际需要，确立正确的原则，运用合理的方法，对教材进行科学的分析。

（一）教材分析的基本原则

中学思想政治学科的教材分析是一项复杂的创造性工作，直接关系到教学活动的进行和教学效果的优劣。为了使教材分析尽可能做到科学、合理、高效，教师在教材分析中一般要坚持以下几方面的原则。

1. 方向性原则

方向性原则是指要把握教材处理的基本方向，明确教材处理的基本理念和要求。在传统教学中，很多教师将教材的观点视为"真理""权威"，学生的学也只是围绕对教材的感知、理解、记诵而展开。随着基础教育改革的发展，人们对教材的认识发生了很大的变化。新课程理念认为教材不是唯一的课程资源，教学设计既要考虑如何教，更重要的是考虑如何学，教学实施应该是"用教材教"而不是"教教材"。在这种教学行为中，教材只是实现课程目标的

手段和途径，教材内容只是帮助学生实现三维发展目标的一种载体，它所反映的理念是"以人为本"。按照这种观念，教师在处理教材的时候，必须坚持以学生发展为本，最大限度地满足学生的需要和可能，考虑如何引导学生参与教学，如何引导学生自主学习、合作学习、探究学习，如何促使学生素质的全面发展。总之，分析教材要以学生发展为中心，以培养学科核心素养为目的。

2. 整体性原则

整体性原则是指教师在教材处理时，要从整体着眼，统筹兼顾。教材处理的整体性要求主要表现在以下三个方面：

第一，整体兼顾三维目标。处理教材要紧扣教学目标，对知识、能力、情感态度与价值观这"三维目标"做到统筹兼顾，全面安排。

第二，整体考虑教材内容。在教材处理中，要对全课、全单元以至全模块教材进行整理。还要注意把新旧知识联系起来，一方面注意从旧知识引出新知识，促进学生对新知识的学习和掌握，另一方面学习新知识时还要为以后的学习做好铺垫，进行适当的提前渗透。

第三，整体兼顾教学主体。教师是教的主体，学生是学的主体，教材处理要兼顾教师和学生，尽力充分发挥教师的主导作用和学生的主体作用。在教材处理中，要充分领会教材编者的意图，同时凸显学生的主体地位。

3. 针对性原则

针对性原则是指教材处理时要针对学生实际，适应教学对象的需要，做到心中有书、目中有人。为此，应该做到以下三点：

第一，了解和研究学生。只有充分了解学生，才能使教材的处理有的放矢。

第二，根据学生实际处理教材。只有这样，才能使教材的处理有的放矢，适应不同教学对象、不同类型的学生，与学生水平相一致，全面提高教学效果。

第三，在教材处理中，要根据学生需要取舍教材内容，确定重点难点，找准学习方法。

4. 灵活性原则

灵活性原则是指教师处理教材时要从实际出发，考虑教材本身的特点、学生的实际需要、教学的现实条件等多方面因素，使教学活动既能体现出教材的特色，又符合学生的认知规律，最大限度地调动学生学习的主动性和积极性。教材处理的灵活性主要表现在三个方面：

第一，灵活处理教材内容。教材只是提供了教学活动的基本内容，这些内容在教学中如何处理，哪些该重点关注，哪些可以一般对待，哪些需要补充，哪些可以舍弃，教师要根据不同地区、不同学生的具体实际情况来确定，尤其是要根据学生实际，合理地确定教学内容的广度和深度。

第二，灵活安排教学进程。教材只是提供了教学的基本线索，以框为单位安排课时内容，一般为一框一课时。但各框的内容毕竟有多有少，深浅也不尽相同，教师要根据实际灵活处理，从总量上制定教学内容。

第三，灵活运用教材所留空间。教材通过情境问题、活动设计等，给师生教学留下较大的思维空间和活动空间，教师要针对不同层次的学生和不同认知风格的学生进行灵活处理，体现不同层次的要求。但应注意，教材的科学性和权威性是毋庸置疑的，教师在教学过程中必须充分尊重教材，不能随意删改教材甚至否定教材。

(二) 教材分析的方法

1. 确立新课程理念下的教材观

(1) 教材观的含义

教材观不仅涉及"教什么"，也涉及"如何教"，从根本上影响着教师的教学方式。关于教材观的含义，不同学者有不同的看法。有学者认为，教材观是"对教材的价值、作用、评价标准和处置方式的基本看法,教材观决定和影响着教师的教学方式"。也有学者认为,教材观是"教师对教材本质及其功能的基本认识,它反映教师对待教材的态度和方式"。还有学者认为,教材观是"人们对教材的内容、属性、结构、功能等的基本看法,包括教材内容观、组织观、功能观以及教学观",等等。

根据以上的观点,我们认为,所谓教材观就是教师对教材本质及其功能的基本认识,它反映了教师对待教材的态度和方式。新课程背景下,教师应该拥有"大课程"视域下的"大教材观",或者说,树立一种智慧的教材观,而非教条的教材观。

(2)新课程理念下的教材观

传统的教材观即"圣经式"教材观,主要表现为将教材作为金科玉律而不敢有丝毫的加工和改造。新的教材观则是打破了对教材的盲目崇拜,出现一些新的理念上的转变。

①从"教本教材"向"学本教材"转变。"教本教材"是指以教师教学活动为指向,教材的内容多以纯文本的方式呈现出来,它注重知识体系的完整性、系统性以及表述的准确性,从而有利于教师展开传递性的教学活动。而"学本教材"是以学生的学习活动为指向,其内容的组织以促进学生的有效学习为核心,重视学生的学习经验和认知规律,引导学生进行自主探究与知识建构。"学本教材"不仅具有传递信息资源、帮助学生建构知识体系的作用,还通过创设情境、提出问题引导学生自主探究知识结论,使学生得以亲身经历和体验科学探究的过程和方法,从而将"结论"与"过程"有机地结合起来。

教师在使用教材时要摒弃以传授教材知识为主的教学方式,转向以学生为主体,从学生已有的知识经验出发,充分利用教材中设计的各种探究活动,引导学生积极主动地学习,使获得知识技能的过程同时成为学生学会学习、联系社会生活实际和形成科学价值观的过程。

②从"唯一课程资源"向"重要课程资源"转变。教材以一定的内容和形式具体体现了课程标准的内容和要求,但它不是对课程内容的具体规定,只是教材编写者为实现课程目标而选择的一个范例。既然是范例,就可能不止一个,还可能有其他的范例。因此,为了全面地实现课程目标,教师要在深入理解课程标准的前提下,根据学生的实际情况和教材内容,补充、拓展和开发多种课程资源,以增加教材对学生学习和发展的适应性。可以说,充分开发和利用教材以外的多种课程资源,是新课程实施中的一个重要理念。

教师可以以教材为依托,开发其他的多种教学资源运用于教学,或者将教材上的内容通过其他途径教给学生。教材是对本学科基础知识进行介绍与讲解,密切联系学生实际生活。尊重学生的学习主体地位,并尊重教师教学的选择权利和对教学资源的开发和创造能力。教学双方能够在教学过程中增强良好互动,形成和谐的教学关系与师生关系。同时,教学的内容不局限于课本知识,教学双方都能在实际生活中,根据实际的需要开发和利用新的教学资源、教学内容。这将极大地激发教学主体的积极性与创造性。

③从"教教材"向"用教材教"转变。关于教材的理解,形成了两种截然不同的教材观。通俗地说,一种是"教教材",一种是"用教材教"。"教教材",反映的是"以本为本"的传统观念。这种观念把教材内容当作最神圣的、至高无上的东西,把书本知识看作是学生学习的全部,把是否掌握教材知识看作教学的终极目的。这种教材观既限制了学生的自由思考,也使教师变为机械的教书匠。"用教材教"反映的是"以人为本"的现代教育理念。这种观念把教材看作文本,教材不再是唯一的教学载体和课程资源。教材研读的过程是作者与读者对话与交流的过程,教学的开展也不必完全机械地遵循教材预设的步骤和情境,而是结合教师自己的经验背景和学生的实际状况,发挥自己的主动性、创造性,凭自己的学识、经验和个性分析、处理、调适教材,创造性地理解和运用教材。教材只是教学的一种重要的工具和手段,而不是教学

的目的和归宿。教学最终的目的是促进学生的全面发展。

在新教材观的指导下，教师通过优化课程资源，完成从"教本教材"向"学本教材"、从"教教材"到"用教材教"的观念转化，需要借助一些科学有效的方法。其中，以问题重组为导向重组教材，使教材学本化，让学生弄懂弄通教材主干知识和主流价值观，在潜移默化中培养其创新精神和实践能力，[①] 未尝不是一种可资借鉴的办法。

2. 教材分析的四个维度[②]

在运用新教材观时，要学懂、弄通、用活、用巧、用准教材，需要统筹分析教材，深挖教材的各层体系，对教材进行重构、整合与拓展的"二次开发"，适生而教、适情而用、讲透理论、理顺逻辑，落实思政课立德树人根本任务，真正实现深度教学和学生核心素养的培育。

(1) 分析教材，既重内容又重结构

分析教材应从"宏观结构"与"微观内容"角度出发。分析教材的宏观结构，是指对教材整体框架与逻辑结构进行分析，找到各内容之间的联结点，以搭建脉络清晰的完整体系。分析教材的微观内容，是指对国家重要文件、政策解读、高校教材等教学资源进行系统、全面的钻研，明晰教材编写理念及编写特点，最终明确教材知识点的内涵，以弄清教材内容"是什么"。

以新版统编高中教材《经济与社会》第一单元为例，教师应先对本册教材进行宏观把握。纵向上，"生产资料所有制与经济体制"相关内容在《道德与法治》八年级下册已有所涉及，学生们对我国基本经济制度"是什么"已然比较熟悉，所以教师在讲授时应偏重"为什么"及"怎么做"，引导学生从理论层面了解我国生产资料所有制和经济体制。横向上，《经济与社会》教材基于必修1《中国特色社会主义》教材，主要讲述在经济领域如何坚持和发展中国特色社

[①] 卢国才. 例谈以问题重组学本化[J]. 中学政治教学参考, 2019(10): 49-51.
[②] 刘石成, 陈绵珊. 对思想政治教材再认识的四重维度[J]. 中学政治教学参考, 2022(25): 21-23.

会主义的问题。第一课至第四课呈并列结构，分别引导学生认识我国创造财富的制度条件、交换平台、生产方式、分配方式。在把握了该教材的宏观逻辑后，教师便可进行微观内容的分析。进行微观分析时，应先熟悉习近平新时代中国特色社会主义思想的基本原理，认真研读新课标，了解总体思路，并通过阅读教材编写者及课程专家等对教材的相关解读，最终对本单元的内容形成完整、科学的解读。

(2)重构教材，搭建适合讲授的逻辑

素质教育的课堂教学既要克服无视学生已有的知识体系、单向灌输知识的片面性，又要克服轻视概念性知识、无视知识结构化的体验主义的片面性。教师在授课过程中，应根据教学实际重构教材，也就是依据教学设计理念(学理)及学生思维特点(学情)对教材内容进行再建构。素质教育背景下，中学思想政治课教师应依据学理、学情逻辑重构教材，实施针对性教学，真正实现"用教材教"而非"教教材"。

以"中国共产党领导的多党合作和政治协商制度"为例，本框知识排列是先呈现制度的产生背景，进而陈述该制度内容，最后呈现该制度在新时代的新要求。教师在讲授该框知识点时，应先将重心放在该制度的产生背景及如何坚持该制度上。重组教材内容逻辑线，以"孕育""形成""发展""完善"四个动词为完整时间线，引导学生就政党制度发展形成一条完整的逻辑线。经过学理重构后，学生不仅能认识不同时期政党制度的产生与发展，还能在逻辑层面厘清政党制度为什么产生、为什么适合中国，从而对其产生强烈的历史理解与现实认同。

(3)整合教材，将前后知识融会贯通

教材分析需要对教材内容进行整合协调，对教材现有框架和编排进行拆分，从不同主题、不同主体出发，对其进行重新归类和组合，形成大集合观点，有效区分、整理、融通各个知识点。整合教材包括主题整合和主体整合，前者是依据教材不同主题对教材的内容进行整合，形成不同的主题体系，后者是依据不同主体对教材内容进行整合，将与主体相关的要素进行归整。通过教材整合，不但可以引导学生系统地学习关于同一主体的所有知识，形成完整性的学习，而且能够教会学生用全面、联系的观点掌握知识要素，达成高阶思维，实现深度学习。

比如，整合必修2"国民收入分配"知识时，可分三步进行。首先是主题整合，将国民收入分配的三种方式分为初次分配、再分配及第三次分配；其次是主体整合，把与国民收入分配相关的主体分为政府、企业和个人；最后从主体角度对三个主题进行再整合。初次分配是三大主体(即政府、企业和个人)按照生产要素贡献进行分配，主要依靠市场进行调节。初次分配后，政府通过转移支付形成可支配收入，对弱势群体进行兜底生活保障。作为对再分配的有益补充，第三次分配则依靠社会进行调节，在道德及习俗影响下，依靠自觉的社会力量扶危济困。三种不同的收入分配方式，形成我国独有的国民收入体系。

(4)拓展教材，挖掘教材多重价值

新课标提出，在课程实施中要充分利用现代信息技术，拓展教育资源和教育空间。在"大教材观"盛行的时代，教师要对教材进行拓展，即在新课标理念引导下，围绕教材与课堂"双中心"，重视学生主体地位，以学生捕获信息的思维触角充盈教材。拓展教材包括拓展教材的广度和深度，前者是通过通读各类与教材相关的专著及高校专业理论教材来实现，后者需要教师依据课标、学情以及高考的难度，拓展教材的深层意蕴。

3. 教材分析的主要流程

(1)恰当安排教学内容结构

教学内容结构是指在一定的教育思想理论的指导下，在充分研究教材的基础上，对教学内容的基本构成及其展开思路进行的设计和安排。① 为了适应基础教育课程改革的发展，对与教学内容的组织和呈现，我们强调从既定的教学目标出发，根据学生的认知规律、情感与能力发展的规律，设置问题情境，激发学生的思维，以任务驱动的方式，让学生完成一个个的学习目标。

第一，以基本概念和原理为中心组织教学内容。每节课教学都是以一定的概念、原理为基本内容而展开的。这些概念、原理是教学中的最基本内容，因此以基本概念和原理为中心组织教学内容，是组织教学内容最重要、最常见的一种方式。教师可以在全面系统地研究教材的基础上，以基本概念和原理为核心，设疑激趣、精心点拨、重点突破、带动全局。

第二，以案例为中心组织讲授内容。思想政治学科教学离不开案例，案例教学有利于充分调动学生的学习积极性和主动性，引发学生的思考和联想，也符合学生的认知规律，因此在教学中值得大力倡导。在大量案例的基础上，通过教师或是教师引导学生分析案例，总结出基本结论与推论。

第三，以议题为中心组织教学内容。新课程改革关注过程与方法，注重培养学生的问题意识以及提出、分析、解决问题的能力。通过提出议题、分析议题、解决议题、升华议题，学生不仅可以得出结论，还可以体验解决问题的过程和方法，具有一定的综合探究性，对启发学生思维和培养学生能力大有好处。

(2) 合理取舍教材内容

教材是教学的基本材料，提供了教学活动的基本内容，这些内容在教学

---

① 教学结构是一个纵横交错的复杂结构，我们大体可以从要素结构、逻辑结构、时间结构三方面来理解。所谓要素结构，是指教学内容的构成要素及其相互关系，也就是一定的教学活动涉及哪些方面内容，这些内容之间有什么关系。教材内容不等于教学内容，教师必须在认真研究教材、充分了解学生的基础上，对教材内容进行合理裁剪、重新组合。所谓逻辑结构，是指教学内容展开的基本流程，即教学内容展开的基本环节，以及各个环节之间的衔接关系。教材内容展开的基本思路并不等于教学内容展开的基本流程，教师要根据教学实际灵活处理，形成教学内容的整体框架和展开思路。所谓时间结构，是指在教学中根据教学各环节的实际，对教学内容展开的各个环节所花时间进行的安排。由于各框内容深浅不同，因此教师需要灵活处理，从总量上控制教学内容和教学时间的分配。

中如何安排，教师要根据教学目标、结合学生实际加以取舍。一般来说，对教学内容的取舍要注意以下四点：

第一，围绕教学目标。教学内容是为实现教学目标服务的，教师在教学内容选择中要围绕教学目标进行，分析考量哪些内容最能体现教学目标。

第二，强调学生需要。教学的根本目的是为了学生的发展，因此，教学内容的取舍要从学生的发展着眼，选择对学生终身发展有益的知识、技能、方法等。同时，要从学生的知识基础和能力水平出发，重点关注学生还没有了解和掌握的内容，适当弱化学生比较熟悉的知识、技能、方法。

第三，突出重点、难点。对于众多的教学内容，要分清主次、难易，把重点、难点作为主要的教学内容。

第四，进行内容的调整。根据教学的需要和学生实际，对有些内容进行添加和补充，对有些内容进行删减和弱化。

总之，对教学内容进行取舍的基本思路是在不增加理论难度的前提下，力求做到：有所突出（主干知识）、有所延伸（与社会现实、学生实际密切联系）、有所创新（新内容、新材料、新思路）、有所忽略（非主干知识、细枝末节），有所改进（教材未尽完善之处）。

(3) 突出教材重点

所谓教材重点，是指在整个教材中最关键、最核心、最具现实意义的部分。思想政治学科是知识性和思想性相统一的课程，思想政治学科的教材也必然融知识性和思想性于一体。因此，教材内容的重点既包括知识上的重点，也包括思想上的重点。就知识上的重点来看，主要表现为一些基础性知识、共性知识、主干性知识。[①] 就思想上的重点来看，主要是那些教材内容中最具

---

① 所谓基础性知识，是指一些基本的概念、观点和原理，它们是学科知识的基础性内容，也是学生学习本课程其他内容的基础，如商品、货币、价值规律等；所谓共性知识，是指教材内容中带有共性的知识、方法、技能等，如马克思主义的基本立场、观点、方法等；所谓主干性知识，是指构成教材内容主干的核心知识，如唯物辩证法的三大规律（对立统一规律、质量互变规律、否定之否定规律）之类。

有现实意义的部分。① 突出教材重点的方法也很多，主要表现为以下四种：

第一，时间突出法。在时间安排上，把重点放在突出的重要位置，舍得花时间教学，使学生透彻理解重点知识内容。

第二，关联突出法。每节课的教学内容是多方面的，内容之间有密不可分的联系，要注意在内容的多种联系和反复渗透中突出重点。

第三，板书突出法。一般说来，写在黑板上的都是学生需要理解和把握的。但对其中的重点内容要通过一些手段进一步突出，如加着重号、加特殊标记、用彩色粉笔勾画等。

第四，强化突出法。对教学重点，要通过提问、讨论、练习、小结等手段，及时突出和强化，加深对重点知识内容的理解和巩固。

(4) 突破教材难点

教材难点是一个相对概念，是相对于学生的认识水平而言的。教材难点主要表现为三种情况：一是难以理解。指教材中有些知识和思想比较抽象，学生由于缺乏相应的知识基础和生活经验而不容易理解和把握。二是难以接受。指教材中的知识和思想观点在理论上容易理解，但在思想上不容易接受。三是难以分辨。指思想政治学科有些概念、原理存在相似性，造成学生容易混淆。由于学生认识水平的局限或者客观事物发展尚不充分，所以有一些他们难以理解的基础理论或难以接受的现实问题。教材难点是学生在接受知识、提升能力过程中遇到的主要障碍，以及情感、态度、价值观形成中感到的困惑。

在分析教材时，突破难点的方法主要有以下五种：

第一，分解化简法。按照教材体系，把多层次、多方面的综合性问题，分解为单层次、单方面的简单问题，逐层剖析，逐方面弄清，然后把各个简

---

① 思想上的重点通常表现为三种情况：一是引导学生形成正确的情感、态度和价值观；二是教材中与社会现实密切联系的内容；三是学生中普遍存在的、带有倾向性的思想认识问题。

单问题串联起来，综合理解，达到对难点问题的解决。

第二，温故知新法。思想政治学科的内容之间存在各种各样的联系，利用学生已有的知识和经验，温故而知新，往往能够促使学生解决疑难，实现对难点问题的解决。

第三，抽象还原法。抽象的理论是从具体生动的事实材料中抽象概括出来的。教师如果把它还原到原来的事物发展过程中去，就会变难为易，帮助学生更好地理解相关理论。

第四，击中要害法。学生对有关内容的学习存在困难，一定是有原因的。通过调查了解，明确学生学习困难的原因和关键，抓住关键就能击中要害，难点也会迎刃而解。

第五，借助形象法。运用图表、板书、教具、现代化教学技术等手段，把抽象的东西具体化、形象化、生动化，便于学生理解，难点便容易被突破。

第二节　初中道德与法治教材分析

在基础教育新课程改革的背景下，初中思想政治课程的教材曾采用了"一标多本"的政策。2003年，人教版、粤教版、鲁人版、湘师版、教科版等五种《思想品德》教材经全国中小学教材审查委员会审查通过，成为供各地选用的初中思想政治课教材。经过多年的实践和探索，在新修订《义务教育思想品德课程标准（2011年版）》基础上，教育部主持编定了统一的初中思想政治教材，由人民教育出版社出版，同时将课程名称更名为"道德与法治"。本次部编版教材的修订，遵循了两个原则：一是完善标准，即教材的修订保持原有教材的大结构不变，注重局部的调整，力求集众家之长，精益求精。二是与时俱进，即教材的修订紧跟时代发展的步伐，强调以社会主义核心价值观为引领，充分体现以人为本、为学生成长服务的特点与理念。目前，这套部编人教版的《道德与法治》教材，是全国初中思想政治课的通用教材。

一、道德与法治教材整体分析

根据中央关于加强基础教育教材建设的要求，围绕落实立德树人根本任务，在全面总结多年课程改革实验成果和经验的基础上，教育部聘请了学术造诣精深、德高望重的一流专家担任总主编，集中力量编写了初中道德与法治教材。道德与法治教材是落实党的教育方针、体现国家意志、传承民族优秀文化的重要载体，在青少年学生思想道德教育中具有极其重要而特殊的作用。

(一)指导思想

1. 落实党的教育方针

坚持教育为社会主义现代化建设服务、为人民服务，把立德树人作为教育的根本任务，全面实施素质教育，培养德智体美劳全面发展的社会主义建设者和接班人，努力办好人民满意的教育。

2. 体现国家意志

从理念上讲，国家的意志是指国家为了存在和为了维护存在而具有的诉求，通俗地讲，就是体现了整个国家的公民的公共意志、公共意愿、公共追求。

3. 践行立德树人的教育宗旨

立德树人是我国教育的根本任务。立德，就是坚持德育为先，通过正面教育来引导人、感化人、激励人；树人，就是坚持以人为本，通过合适的教育来塑造人、改变人、发展人。

(二)编写原则

根据上述指导思想，新修订的道德与法治教材强调了"以学生生活为中心"，明确了初中思想政治课"以引导和促进初中学生思想品德发展为根本目的"的要求。初中思想政治课程的定位从学科逻辑向生活逻辑的转向，反映出一种旨在培育学生社会主义核心价值观，发展健全人格，塑造法治意识，培育公共精神的新的整体课程观。

1. 以社会主义核心价值观为引领，增强思想性

社会主义核心价值观是社会主义核心价值体系的内核，体现社会主义核心价值体系的根本性质和基本特征，反映社会主义核心价值体系的丰富内涵和实践要求，是社会主义核心价值体系的高度凝练和集中表达。其基本内容包括：富强、民主、文明、和谐；自由、平等、公正、法治；爱国、敬业、诚信、友善。社会主义核心价值观涉及国家、社会、个人三个层面，是当代中国精神的集中体现和全体人民共同的价值追求。

社会主义核心价值观内涵丰富，教材在编排设计中，一是依据学生心理发展水平和认知特点，引导学生由浅入深地认识社会主义核心价值观；二是联系学生的生活经验，由近及远，结合学生不断增长的年龄和阅历，促进学生逐步形成社会主义核心价值观；三是采取循环往复、螺旋递进的呈现方式，强化教育效果，引导学生对社会主义核心价值观的认同层层推进；四是设计多种活动形式，促进学思并举、知行合一，引导学生从不同角度、不同侧面感悟和践行社会主义核心价值观，努力做到"内化于心，外化于行"。

在落实社会主义核心价值观的时候，特别注重同中华优秀传统文化内容相结合，既注重传统节日、民俗、传统礼仪、优秀民间文化等方面的教育，也注重使用古代诗歌、传统格言及谚语等题材对学生进行传统文化教育，使教材富有中国文化风格和精神气息，帮助学生建立起社会主义核心价值观与中华优秀传统文化相承接的精神链条，在完整的历史文化脉络中涵养当代中国青少年的品德。

2. 以学生为中心融合各种课程资源，体现综合性

考虑到学生的思想品德发展是一个观念认识、体验内化、践行反思的复杂过程，编写组在编写教材时努力搭建教和学的脚手架，通过设计贴近青少年生活、受到青少年喜爱的活动，在探究、体验、反思与分享中展开思维训练和情感体验，涵养品格，形成正确的价值认同。

教材将道德、心理健康、法律、国情等知识领域融合起来，囊括社会主义核心价值观教育、公民意识教育、中华优秀传统文化教育、革命传统教育、法治教育、国家主权意识教育、国情国策教育、国际交往教育等，建构出整体、系统的教材内容体系。

3. 以中华优秀传统文化的精神气质为载体，以学生的生活经验为基础，凸显人文性

将中华优秀传统文化融入教材中，以丰富和提升教材的思想性和人文性，是本教材的一大特色。教材中的多处行文用思想深邃、语言凝练的古文来表达。在相关链接、活动设计中，采用多种形式的有机渗透。教材编写坚持德育为先，全面融入社会主义核心价值观，传承和弘扬中华优秀传统文化，强化革命传统、民族团结、国家安全和法治教育等，既保持相对稳定，又与时俱进，反映经济社会发展、科技进步和马克思主义中国化最新成果。

教材的每一课内容的展开都包含着一条引领生活经验的线索，比如，以"运用你的经验"开始，把学生的个体经验作为学习的起点；随后的"探究与分享"等活动设计引导学生将生活经验加以表达、分享，促进个体对自身经验的反思，通过师生经验、生生经验的碰撞促进学生个体经验的调整、扩展；最后以"拓展空间"结束，使教学从课堂延伸到更为广阔的生活领域。比如，教材有机结合中小学学生生活经验，从现实问题入手，以案例为依托，突出正面引导，让学生体会到法治让生活更美好，如《义务教育法》保障失学儿童上学的权利，老年人权益保障法规定家庭成员应当关心老年人的精神需求等。

(三)教材结构

初中道德与法治教材的总体设计是以初中学生的生活经验为依据,以青春生命在与他人、与集体、与社会、与国家以及全球关系中的自我发展为线索,以培养社会主义合格公民为中心。新版教材按照大中小学德育一体化的要求,分学段进行科学设计,建立起了学段衔接、循序渐进、螺旋上升的课程结构。

1. 以"成长中的我"为原点

道德与法治课程面对"成长中的儿童",从"自我"开始,以"成长中的我"为原点,随着学生年龄的增长,他的交往范围和社会生活随之不断扩展。教材按照不断扩展的学生生活,随着学段的提高设计课程。

2. 以"成长中的我"与其他关系为线索

(1)"成长中的我"

使学生正确认识"自我",初步具有自尊自强、坚韧乐观的心理素质和勤劳善良、宽厚正直、自强自律的个人品德。鼓励学生在日常生活中养成良好品行,学会处理"我"与自身的关系,保持身心健康和人格的统一。

(2)"我与自然的关系"

自然是人类的生存环境,面对自然,我们必须摒弃人类中心主义的错误认识,确立"人与自然是生命共同体"的理念,科学合理地改造自然,保持人与自然的生态平衡,爱护环境,过一种可持续的、绿色的生活方式。

(3)"我与家庭的关系"

家庭是社会的基本细胞,是道德养成的起点。引导学生自觉传承中华孝道,感念父母养育之恩,感念长辈关爱之情,养成孝敬父母、尊敬长辈的良好品质,做一个家庭的好成员。

(4)"我与他人、社会的关系"

人的社会性本质决定了人在生活中必须处理好与他人、社会的关系。要引导学生养成以文明礼貌、助人为乐、爱护公物、遵纪守法为主要内容的社会公德，鼓励他们在社会上做一个好公民。

(5)"我与国家、人类文明的关系"

每个人都生活在"一国"之中，是国家的公民。道德与法治教材引导青少年树立远大志向，使他们热爱党、热爱祖国、热爱人民，筑牢理想信念之基，培育和践行社会主义核心价值观，传承中华传统美德，弘扬民族精神和时代精神，树立人类命运共同体意识，做具有中国情怀、国际视野的现代好公民。

3. 以青少年生活为基础

道德源自生活，人的道德认知、道德情感、道德判断都是基于生活的需要，在生活中生长出来的。生活是道德成长的基础，也是道德赖以存在的根基。人的道德学习必须基于生活，道德是在对生活的认识、体验和实践中形成的。

道德与法治课程以青少年为对象，以生活为基础。青少年与成人相比，特点不同，发展需要不同，生活也不同。青少年在生活中成长，生活是成长的基础，是课程设计的底色。道德与法治课程基于青少年的生活，反映青少年成长的需要，解决青少年成长中面临的问题，以引导他们更好地生活。

4. 以螺旋上升的方式组织和呈现教育主题

义务教育道德与法治课程涵盖从小学到初中青少年的生活。在这个过程中，随着青少年年龄的增大，他的生活时空也在不断扩大。从家庭、学校、社区到国家、世界，青少年在不同场域的生活中，处理的主要社会关系是不同的。例如，在家庭中，处理的是"我"与家庭成员的关系；在班级、学校中，处理的是"我"与老师、同学的关系；在社区环境中，处理的是公共生活中"我"与他人的关系；在政治生活中，处理的是"我"与国家、世界的关系。

处理不同的社会关系，需要遵循不同的道德与法治规则。正是在处理不同的生活关系中，成长中的"我"，在面对与他人、集体、社会、国家、民族、世界的关系时，道德与法治的素养得以进阶性提升。道德与法治课程遵循学生生活范围不断扩展的特点，以学科主题或跨学科主题的形式，合理设计德育内容，形成一个循序渐进、层层深入、有机衔接的课程内容体系。

5. 强化课程一体化设计的整体性

大中小学德育一体化是新时代思政课设计的重要原则。新课标将九年义务教育分为四个阶段，每个学段都根据学生身心发展的特点对课程目标、核心素养进行学段分解，以此作为选择课程内容的依据。课程内容是为发展学生核心素养服务的，依据学段的课程目标和核心素养要求，选择适合这个学段的内容和主题。道德与法治的课程主题包括道德教育、生命安全与健康教育、法治教育、中华优秀传统文化与革命传统教育、国情教育等。

本课程的内容主题不变，按照四个学段学生发展的不同特点，分段选择某一主题适合的内容。这种设计方式既体现了一体化的整体理念，也把握了学生成长的阶段性和不同特点，确保育人目标、课程内容、呈现方式等，适应不同阶段学生发展的需要，实现了义务教育学段的有机衔接与有效进阶。

二、道德与法治教材主要内容及使用建议

(一) 教材内容简介

1. 七年级上册教材

七年级的学生遇到的主要问题是走向新的学习生活，与同伴、老师和家人的交往，核心词是成长，因此七年级上册的教材以"成长"为核心，涵盖整合了有关学习、自我探索、交往和生命的话题。

2. 七年级下册教材

以学生成长中的问题和矛盾为基础突出"成长的不仅仅是身体"的基本观点，提炼确定了青春时光、做情绪情感的主人、在集体中成长、走向法治天地四个学习主题。

3. 八年级上册教材

以学生参与的社会生活为基本空间，以社会生活、社会规则、责任奉献和家国情怀为主题，逐步过渡到国家层面，与八年级下册和九年级教材相连接，具有承前启后的作用。

4. 八年级下册教材

围绕公民与国家的关系这一生活主题，以宪法精神为主线，通过全面介绍宪法的内容，开展公民意识教育和国家意识教育，增强学生法治观念。

5. 九年级上册教材

聚焦"我与国家和社会"的关系，推动学生对社会主义核心价值观中国家层面的价值目标开展深度学习，并逐步认同、接受和内化这些价值观。

6. 九年级下册教材

由"我们共同的世界""世界舞台上的中国"以及"走向未来的少年"三个单元构成。三个单元内容以"世界—中国—少年"为明线，以世界发展、国家发展及少年成长的"过去—现在—未来"为暗线，引导学生在走向更加广阔的全球世界的过程中，正确认识和面对客观世界，为未来生活做好准备。

(二) 教材使用建议

"道德与法治"作为一门对学生进行道德与法治教育的专设课程，它与日常德育以及学校党团少先队组织的教育，成为并驾齐驱的三条德育工作路径。它必须依托相关知识，但其根本立足点在于价值观教育，在于影响人的情感态度行为的改变，塑造人的德性与人格健全。因此，整个教材设计及教学的归宿都应该是超越知识，指向情感态度价值观的教育。

我们首先要从整体上把握教材。这套教材是以初中学生生活经验为依据，以青春生命在与他人、集体、社会、国家以及全球关系中的自我发展为线索，以培养社会主义合格公民为中心，遵循生活逻辑，整合道德、心理、法律及国情方面的知识，凝练出三年六册教材各个单元的学习主题，并以之统筹安排各年级的思想政治教育。

道德教育与法治教育本质上是对生活实践知识、实用知识的学习和运用。新课标理念下的思想品德教育必须超越知识传递性的学习，改变简单告知对与错的方式，走向师生双向平等的交流与开放的对话。为了使教材不再成为学生用来记诵、应对考试的工具，教师应进一步改变简单、表浅、枯燥的德育课程方式，努力探索道德价值观学习、法治意识形成、品德和人格形成的规律与机制。

1. 注重社会主义核心价值观引领

本册教材以社会主义核心价值观为价值引领，并将之贯穿始终。在具体落实上，将爱国、敬业、诚信、友善这些公民个人层面的价值准则有机渗透其中。如"少年有梦"——爱国；"感受生命的意义"——敬业；"网上交友新时空"——诚信；"同伴关系、师生关系、亲子关系、与其他生命关系"——友善。总之，教材的每个学习主题背后都有社会主义核心价值观的支撑。

2. 注重中华优秀传统文化的渗透

(1) 教材语言尽可能引入传统文化经典

如在谈到少年要立志，相关链接中引用《格言联璧》中的一段话："志之所趋，无远弗届，穷山距海，不能限也。志之所向，无坚不入，锐兵精甲，不能御也。"接着，正文直接引用"功崇惟志，业广惟勤"，勉励学生不仅要立志，更要勤奋，不断地努力学习。

(2) 对案例、活动设计等内容的选择

例如，在探讨"学习"这一话题时，把"学习"的繁体字用说文解字的方式呈现出来，以引发学生的兴趣，然后从《礼记·月令》中对"学习"的论述开始，展开话题，引导学生思考学习的内涵。

(3) 在对文化内容的处理上，积极思考和探索融入方式

教材不仅仅是引经据典，而是积极思考和探索中华优秀传统文化的融入

方式，力图展现中华优秀传统文化的精髓。在此过程中，教师运用活动，让学生感受到身上流淌着民族文化的血脉，以民族精神的精髓，丰富和提升自身的精神世界。

3. 以学科核心素养整合教材内容

新版道德与法治课程标准明确指出，初中思想政治课程要培养学生的政治认同、道德修养、法治观念、健全人格、责任意识等五个方面的核心素养。教师在使用教材时，必须以核心素养为导向，组织教材内容。道德领域主要是通过同伴交往、师生交往、亲子交往、社会交往等，引导学生形成文明、礼貌、平等、友善、诚信、慎独等基本道德品质。心理领域要引导学生了解青春期的心理特点，学会自我调节和管理，培育积极情感，养成良好的心理品质。法律领域要帮助初中学生认识法律的重要作用，培育法治信仰，增强宪法意识，引导学生做学法尊法守法用法的合格公民。国情领域要引导学生深化对中国特色社会主义理论、道路、制度和文化的认识与理解，树立"四个自信"的意识。同时拓展国际视野，增强民族自豪感和文化自信。

4. 准确把握思想政治学科特点

第一，道德与法治课是一门综合课程，教材体现了综合性、过程性、实践性特点。如在"家的意味"中，从"家规""家训"以及家庭文化中的"孝"等方面入手，探讨"中国人的'家'"，体味中华文化深厚的韵味和丰富的内涵，同时又渗透有关孝亲敬长的法律规定，实现道德和法律有机融合。

第二，教材注重过程和实践，改变简单告知对与错的方式，走向双向平等的交流与开放的对话。通过实践整合情感态度价值观、能力和知识目标。如在探讨"爱护身体"时，选取学生生活中的事例，引导学生用常见的各种观点进行碰撞和交流，引导学生认识到爱护身体、养成健康的生活方式，是对自己生命和他人负责任的态度。

5. 认真研读道德与法治教材

第一，通读教材，把握单元、课、框的内容及其相互间的关系。

第二，精读教材，掌握基本教学内容、教学重点和难点。

第三，熟读教材，准确而熟练地分析教学内容。

第四，读通教材，即"读整本"，理清教材建构的逻辑。

第五，读懂教材，即"读单元"，明确教材设计的思路。

第六，读透教材，即"读框目"，真正理解教材的正文观点。

总之，要通过认真研读、精读、苦读教材，逐步建立共识，达到由内而外的认同。只有对教材内容达到真读、真懂、真悟，在使用新教材时，我们才能做到"了然于胸、取舍有度、挥洒自如、游刃有余"。

第三节 高中思想政治教材分析

高中思想政治课程包括必修课程、选择性必修课程和选修课程三种类型。[1] 根据《普通高中思想政治课程标准(2017年版2020年修订)》，教育部组织编写了普通高中思想政治教材。全套课程共10个模块，必修课分为"中国特色社会主义""经济与社会""政治与法治""哲学与文化"4个，选择性必修课分为"当代国际政治与经济""法律与生活""逻辑与思维"3个，选修课分为"财经与生活""法官与律师""历史上的哲学家"3个。

我们首先简要对新版高中思想政治教材进行整体性分析，然后再详细介绍每本教材(专题知识模块)的内容。

---

[1] 必修课程是指全体学生必须完成的学业；选择性必修课程是指选择思想政治课程作为学业水平等级性考试的学生应完成的学业，考试成绩计入高校招生录取总成绩，也可供对该程有兴趣的学生选修，计入毕业学分；选修课程是指学生自主选择修习的课程，主要是基于学校的特色和学生的兴趣而开设，为学生的个性化发展提供便利。

一、高中思想政治教材整体分析

（一）编写思路

总的来说，新版高中思想政治教材编写坚持以马克思列宁主义、毛泽东思想、邓小平理论、"三个代表"重要思想、科学发展观、习近平新时代中国特色社会主义思想为指导，全面贯彻党的教育方针，落实立德树人根本任务，以课程标准为依据，突出思想政治作为关键课程的作用，系统有机融入社会主义核心价值观。充分体现马克思主义中国化时代化的最新成果，紧密结合中国特色社会主义伟大实践，贴近学生学习、生活、思想实际，引导学生爱党、爱国、爱社会主义，坚定"四个自信"，形成正确的世界观、人生观、价值观。

1. 贯穿一条主线：用习近平新时代中国特色社会主义思想铸魂育人

教材立足历史视角、国际视野，从理论和实践两个维度，坚持政治性和学理性相统一、价值性和知识性相统一，系统讲授习近平新时代中国特色社会主义思想的核心要义和精神实质，让学生理解中国特色社会主义最本质的特征是中国共产党的领导，中国特色社会主义制度的最大优势是中国共产党的领导，理解为何、如何坚持和发展中国特色社会主义，理解辩证唯物主义和历史唯物主义是认识和改造世界的强大思想武器，从而深刻认识中国共产党为什么能、马克思主义为什么行、中国特色社会主义为什么好。

2. 合理设计结构：整体构建、分模块安排教材内容

必修的四册教材采取总分方式，《中国特色社会主义》是总览和基础，让学生对中国特色社会主义的形成和发展有一个总体的了解；《经济与社会》《政治与法治》《哲学与文化》则分领域进行深入阐释，让学生具体理解如何坚持和发展中国特色社会主义。选择性必修的三册教材重在培养学生用全球视野认识人类社会发展的大势，指导学生学会用法律手段处理日常问题，用科学思

维探索和认识世界，从而增强国际视野、法治意识，掌握马克思主义的原理和方法。

3. 创新呈现方式：增强教材的针对性、可读性

教材编写坚持理论性和实践性相统一，以学科逻辑体系为框架，注重知识的系统性，同时根据经济社会发展和高中学生身心发展特点，注重选取与学生生活经验、经历密切相关的案例、材料等，便于学生结合社会实践理解理论问题、利用学科理论解决实际困惑，从而把爱国情、强国志、报国行有机统一起来。着力改进教与学的方式，通过活动与正文相互嵌套、问题情境创设、综合探究活动设计等，激发学生的学习兴趣，促进学生开展合作学习、探究学习，从而培养创新精神，提高实践能力。

4. 课程逻辑呈现：以核心素养为导向统编教材[①]

新版教材在继承课程标准实验版三维目标的基础上，进一步明确了思想政治学科的核心素养，在知识、能力、情感态度与价值观等三个维度中凝练出政治认同、科学精神、法治意识、公共参与等四个素养要素，通过显性与隐性相结合的方式将素养导向贯穿于各个课程模块的教材中，凸显了思想政治课程实现立德树人根本任务的独特路径。

在政治认同与科学精神的培育方面，新版教材结合了习近平新时代中国特色社会主义思想，新开设必修1《中国特色社会主义》，通过一个模块内的四节课与两个综合探究，系统地讲述和探讨了人类社会发展的进程与趋势以及中国特色社会主义的开创与发展。对人类社会发展史与科学社会主义基本原则和理论基础的论述，集中体现了"科学精神"的素养导向，对中国特色社会主义这一科学社会主义成功实践的坚持与发展，则着力夯实了"政治认同"的素养导向。该模块牢牢把握住习近平新时代中国特色社会主义思想这一主

---

① 丁瑜. 明晰学科逻辑 凸显素养导向：课程标准实验版基础上统编版高中思想政治教科书的继承发展[J]. 思想政治课研究，2020(6)：138.

线，在理论逻辑与历史逻辑的统一中，涵养有思想、有信仰、有担当的时代新人。

在法治意识的培育方面，依据党的十八届四中全会中提出的"在中小学设立法治知识课程"的要求，新版思想政治教材将法治体现在必修3的标题"政治与法治"中，且新增了"全面依法治国"单元，对我国法治建设的进程、全面依法治国的总目标与原则，法治国家、法治政府、法治社会的建设，科学立法、严格执法、公正司法、全民守法的基本理念做了最为基本的说明。单元内的辅助文字涉及基本法理的溯源探讨、部门法与具体法条的拓展以及具体法治情境的设置与指导。在这种语境下，法治得以从抽象意识落实到具体实践中，使学生自觉尊法学法守法用法、自觉参与社会主义法治国家建设的意识初步形成。在树立法治价值观、提高对法治的认知与理解水平、发展法治情感与法治行为能力的过程中，有尊严的公民品格得以形成和发展。

在公共参与的培育方面，新版教材发展形成了议题式"综合探究"体例。教材中的"综合探究"由探究活动目标、探究活动建议、探究路径参考、结语（或理论评析）组成，均建议以议题式展开，探究活动的目标更加具体和明确，探究路径中提供了多个探究情境供学生选择，最终以引导性结语收尾，使得探究的实际开展具有较强的指导性与可操作性。通过创设具体的、复杂的问题情境，将课程内容活动化、活动设计内容化，学生需围绕辨析性、两难性的问题，依据活动设计的明确目标与确切线索，统筹议题所需的知识与经验，提升对话协商、沟通合作、表达诉求与解决问题的能力，在公共参与中将政治认同、科学精神、法治意识素养外显，以达成知行合一的效果，同时强化有担当的主体意识。

(二)编写体例

1. 框架结构

高中思想政治必修教材编写4册，必修1《中国特色社会主义》4课，必修

2《经济与社会》2个单元4课，必修3《政治与法治》、必修4《哲学与文化》各3个单元9课；选择性必修教材编写3册，每册4个单元，9～13课。

每本教材的框架结构以单元为单位，主要包括：单元导语、课导语、正文、穿插于正文中的各种栏目、综合探究。其中，必修1教材最后设计2个"综合探究"活动，其他各册教材每个单元后面设计1个"综合探究"活动，引导学生围绕议题，通过社会实践活动和思维活动，达成对教材拓展内容的学习。

2. 基本栏目

高中思想政治必修和选择性必修教材共设计58课，每课既有共同的栏目，又有体现本册教材特点的栏目。其中，共同栏目有如下5种类型：

(1)探究与分享

一般由材料、案例和问题构成。主要功能为引发学生合作、探究、思考、导入正文；部分"探究与分享"活动属于应用型，引导学生运用正文所学理论、观点、方法，阐明、解决情境问题。

(2)相关链接

提供与正文相关的资料、案例等，用来拓宽学生视野，深化理解。

(3)专家点评

对正文中重要的观点、理论进一步阐释，引导学生从多方面、多角度理解教材。

(4)名词点击

对正文中的关键概念、核心概念给出解释。

(5)名人名言

结合正文观点、理论，引用名人的相关阐述，起到画龙点睛的效果。

此外，部分教材还设置了体现本册特点的栏目。例如，必修4设计"阅读与思考"，引导学生通过阅读经典文本和情境材料，展开思维活动，培养思维能力和品质。选择性必修3设计"示例评析",针对疑点、难点,提供典型性、生活化实例,引发学生直观体验,达到举一反三的效果。

(三)重点内容

1. 习近平新时代中国特色社会主义思想

整套教材采取集中讲述和各册融入的方式,系统讲述习近平新时代中国特色社会主义思想的历史地位和丰富内涵。必修1第四课专题讲述中国特色社会主义进入新时代、"八个明确""十四个坚持"、新时代中国特色社会主义发展的战略安排等内容。后续6册教材从经济、政治、法治、科技、文化、教育、民生、民族、宗教、社会、生态文明、国家安全、国防和军队、"一国两制"和祖国统一、统一战线、外交、党的建设等各方面,进一步例述习近平新时代中国特色社会主义思想。教材重在引导学生系统、深入掌握习近平新时代中国特色社会主义思想,做到真学、真懂、真信、真用。

2. 法治教育

必修3《政治与法治》着重讲述全面推进依法治国的总目标是建设中国特色社会主义法治体系,建设社会主义法治国家,阐明建设法治国家、法治政府、法治社会的意义。选择性必修2《法律与生活》介绍与学生日常生活和个人发展密切关联的民法总则以及合同法、婚姻法、劳动法、诉讼法等与婚姻家庭、就业创业、社会争议解决等相关的法律法规,讲述我国民法的基本原则和民事权利与义务,培养学生正确的婚姻家庭观念。法治教育引导学生提高自觉用法能力,依法维护自己的合法权益,懂得人民权益要靠法律保障,法律权威要靠人民维护,努力成为社会主义法治的忠实崇尚者、自觉遵守者、坚定捍卫者。

3. 总体国家安全观教育

总体国家安全观包括政治安全、国土安全、军事安全、经济安全、文化安全、生态安全等诸方面。整套教材对学生进行马克思主义基本原理、习近平新时代中国特色社会主义思想教育，培养政治认同、科学精神、文化自信等，从整体上强化总体国家安全观教育。选择性必修 1 设计综合探究"国家安全与核心利益"，通过阐释"坚定制度自信""政治制度不能照搬"等议题，讲述总体国家安全观的内容表现、意义，重点阐述国家政治制度安全，培养学生总体国家安全观的意识。

4. 中华优秀传统文化和革命传统教育

整套教材采取系统阐述、重点突出、形式多样的方式讲述中华优秀传统文化。必修 4 第八课系统讲述了中华传统文化的起源、基本内容、发展历程、特点、当代价值等，重点介绍了中华优秀传统文化中的代表人物、核心观点、重要思想等，采取名人名言、经典故事等形式，引导学生打好中国底色，坚定文化自信。

整套教材采取融入渗透方式，讲述革命英雄人物的名言、事迹。如介绍毛泽东、周恩来等革命领袖，李大钊、董必武、刘胡兰、董存瑞等革命英雄人物及其革命事迹。必修 4 集中讲述革命文化，重点介绍中国共产党团结和带领全国各族人民创造的革命精神，如红船精神、长征精神、延安精神、雷锋精神等，引导学生在阅读、思考中，感悟和理解成千上万的革命先烈前仆后继、英勇奋斗的英雄事迹和革命精神，坚定理想信念，培养爱国主义情怀，养成艰苦奋斗的精神品质。

二、思想政治模块内容介绍

(一) 必修 1《中国特色社会主义》

"中国特色社会主义"是本次课程标准新设的必修课程模块，1 学分。本册教材重点介绍社会主义从空想到科学、从理论到实践的发展，只有社会主义才能救中国，只有中国特色社会主义才能发展中国，只有坚持和发展中国特色社会主义才能实现中华民族伟大复兴。

1. 模块设计及目录

"着眼于人类社会的发展历程，立足于中国特色社会主义的伟大实践"，这是对人类社会发展史与中国特色社会主义两部分内容的整体把握。"明确中国特色社会主义是科学社会主义理论逻辑与中国社会发展历史逻辑的辩证统一"，这是基于科学社会主义基本原则读懂中国特色社会主义的逻辑框架。"中国特色社会主义已进入新时代"，这是体现中国特色社会主义理论创新和实践创新成果的着力点。"树立为共产主义远大理想和中国特色社会主义共同理想而奋斗的信念"，这是明确实施全部课程内容目标的落脚点。

深入理解本模块所阐明的意义，要把握三个要旨。

其一，本模块相对集中、系统地进行科学社会主义基本原理和中国特色社会主义理论教育，这是高中思想政治课程的核心价值之所在，也是本模块的使命之所在。

其二，本模块为后续三个模块提供了采取共时性叙述、分领域展开的方式，基于习近平新时代中国特色社会主义思想，为讲述如何坚持和发展中国特色社会主义奠定基础。

其三，通过本模块的学习，学生能站在中国特色社会主义进入新时代的历史方位，找到社会发展史学习的落脚点。通过社会发展史的学习，筑牢唯物史观的理论基石，理解中国特色社会主义进入新时代在世界社会主义发展史、人类社会发展史上的重大意义。

附：必修1《中国特色社会主义》目录

第一课　社会主义从空想到科学、从理论到实践的发展

　　1.1　原始社会的解体和阶级社会的演进

　　1.2　科学社会主义的理论与实践

第二课　只有社会主义才能救中国

2.1　新民主主义革命的胜利

2.2　社会主义制度在中国的确立

第三课　只有中国特色社会主义才能发展中国

3.1　伟大的改革开放

3.2　中国特色社会主义的创立、发展和完善

第四课　只有坚持和发展中国特色社会主义才能实现中华民族伟大复兴

4.1　中国特色社会主义进入新时代

4.2　实现中华民族伟大复兴的中国梦

4.3　习近平新时代中国特色社会主义思想

综合探究一　回看走过的路 比较别人的路 远眺前行的路

综合探究二　方向决定道路 道路决定命运

2. 主要内容及学业要求

(1)主题1：人类社会发展的进程与趋势

本主题以"中国特色社会主义进入新时代，意味着科学社会主义在21世纪的中国焕发出强大生机活力"为切入点，回归理论逻辑与历史逻辑的起点：我们坚信科学社会主义，是因为这有助于弄清楚我们从哪里来，将到哪里去，以及人类社会发展的总趋势是什么。通过本主题的学习，学生将看到人类社会由低级阶段向高级阶段发展的足迹，理解人类社会在经历了原始社会、奴隶社会、封建社会、资本主义社会的发展阶段后，终将进入社会主义和共产主义社会，这是人类社会发展的一般规律，从而懂得实现共产主义是人类社会发展的必然趋势。

①描述不同社会形态的本质特征；解释人类社会发展的一般过程，阐明社会发展的历史进程取决于社会基本矛盾的运动。

②分析资本主义社会的历史地位，概述社会主义从空想到科学、从理论

到现实的历史轨迹，阐明人类社会发展的趋势。

(2) 主题2：中国特色社会主义的开创与发展

本主题承接主题1的内容，以探究"中国特色社会主义进入新时代，在中华人民共和国发展史上、中华民族发展史上、世界社会主义发展史上、人类社会发展史上也具有重大意义"为切入点，意图使学生明确：实现中华民族伟大复兴是近代以来中华民族最伟大的梦想；正是在中国共产党的领导下，中国人民通过长期艰辛探索、不懈奋斗，建立起人民民主的国家，开创和发展了中国特色社会主义，中华民族从此由衰转盛，实现了从站起来、富起来到强起来的伟大飞跃；只有社会主义才能救中国，只有中国特色社会主义才能发展中国。

①阐述新民主主义革命的性质和特点，理解新中国确立社会主义制度的历史必然性。

②阐明中国特色社会主义道路、理论、制度、文化是党和人民长期奋斗、创造积累的根本成就。

③论证中国特色社会主义是当代中国发展的根本方向，坚定坚持和发展中国特色社会主义的自信。

④阐明中国特色社会主义进入新时代，比历史上任何时期都更接近、更有信心和能力实现中华民族伟大复兴的目标，明确把爱国情、强国志、报国行自觉融入发展中国特色社会主义事业、建设社会主义现代化强国、实现中华民族伟大复兴的奋斗之中。

总之，通过本模块的学习，学生能够结合社会实践活动，了解人类社会发展的一般过程和基本规律；确信社会主义终将代替资本主义是不可抗拒的历史趋势；懂得中国特色社会主义是科学社会主义的成功实践，是中国近代历史发展的必然选择；理解坚持和发展中国特色社会主义，是实现中华民族伟大复兴中国梦的必由之路；展现中国特色社会主义道路自信、理论自信、制度自信、文化自信；坚定共产主义的远大理想和中国特色社会主义的共同理想。

(二) 必修 2《经济与社会》

"经济与社会"是第 2 个必修课程模块，1 学分。本模块的核心内容主要包括两个部分：生产资料所有制与经济体制，经济发展与社会进步。本模块涵盖"五位一体"总体布局中的经济建设与社会建设，是帮助学生理解中国特色社会主义经济制度和经济体制，深化对我国经济发展和社会进步理解的重要内容。

1. 模块设计说明

本模块依据习近平新时代中国特色社会主义经济思想的基本原理，讲述我国社会主义基本经济制度，解析社会主义市场经济的基本特征，阐释指导我国经济社会发展的新理念，帮助学生理解全面深化改革的意义，提升在新时代参与社会主义现代化建设的能力。

本册教材重点介绍公有制为主体、多种所有制经济共同发展，按劳分配为主体、多种分配方式并存，社会主义市场经济体制等社会主义基本经济制度，阐述以人民为中心的发展思想和"创新、协调、绿色、开放、共享"新发展理念，帮助学生学习、理解习近平新时代中国特色社会主义经济思想，认识全面深化改革的重大意义和要求，更好地参与中国特色社会主义建设实践。

附：必修 2《经济与社会》目录

第一单元　生产资料所有制与经济体制

　　第一课　我国的生产资料所有制

　　　　1.1　公有制为主体　多种所有制经济共同发展

　　　　1.2　坚持"两个毫不动摇"

　　第二课　我国的社会主义市场经济体制

2.1 充分发挥市场在资源配置中的决定性作用

2.2 更好发挥政府作用

综合探究 构建高水平社会主义市场经济体制

第二单元 经济发展与社会进步

第三课 我国的经济发展

3.1 贯彻新发展理念

3.2 推动高质量发展

第四课 我国的个人收入分配与社会保障

4.1 我国的个人收入分配

4.2 我国的社会保障

综合探究 践行社会责任 促进社会进步

2. 主要内容及学业要求

本模块包括两个主题：第一，"生产资料所有制与经济体制"讲述中国特色社会主义经济建设中的基本原理；第二，"经济发展与社会进步"侧重讲述指导我国经济社会建设的新理念和社会建设中有关收入分配、共同富裕的基本原理。掌握这些原理不仅是为了培养学生参与中国特色社会主义现代化经济建设和社会建设的正确价值观与关键能力、必备品格，也是学习其他相关课程模块(如"当代国际政治与经济""财经与生活")的基础。

(1)主题1：生产资料所有制与经济体制

① 理解以公有制为主体、多种所有制经济共同发展，按劳分配为主体、多种分配方式并存，社会主义市场经济体制等社会主义基本经济制度，既体现了社会主义制度优越性，又同我国社会主义初级阶段社会生产力发展水平相适应，是党和人民的伟大创造。

②了解各种所有制经济的地位与作用，阐释公有制经济与非公有制经济

相互促进、共同发展，明确坚持毫不动摇巩固和发展公有制经济，毫不动摇鼓励、支持、引导非公有制经济发展。

③阐述建设高标准市场体系的意义，辨析经济运行中政府与市场的关系，宏观调控的目标与手段。

(2) 主题2：经济发展与社会进步

"经济发展与社会进步"包括极为丰富的内容，依据本模块的基本思路，主要讲述了三个专题：一是经济与社会发展的新理念，二是收入分配、社会保障、共同富裕，三是劳动精神的培育。这是经济发展与社会进步中最基本的问题。

①阐释以人民为中心的发展思想和创新、协调、绿色、开放、共享的新发展理念，解释经济发展方式的转变和供给侧结构性改革，评析经济发展中践行社会责任的实例。

②了解我国个人收入的方式与合法途径，解释个人收入分配政策的完善；评析实现共同富裕、促进社会公平正义的收入分配与社会保障政策，列举完善社会保障体系的措施。

③阐明劳动对社会发展和进步的意义，弘扬劳动精神，树立崇尚劳动、热爱劳动的观念。

通过本模块的学习，学生能够结合社会实践活动，初步运用中国特色社会主义经济学的基本观点，观察和分析经济社会现象；了解社会主义基本经济制度的优势，理解坚持社会主义市场经济和深化经济体制改革的意义；明确加快建设现代化经济的必要性；树立以人民为中心的发展思想；尝试对促进社会公平正义、实现共同富裕、营造良好社会风尚、完善社会保障的政策提出建议。

(三) 必修3《政治与法治》

"政治与法治"是第3个必修课程模块，2学分。其核心内容包括三个主题：中国共产党的领导、人民当家作主、依法治国。

1. 模块设计说明

"政治与法治"是在实验版课程标准"政治生活"模块的基础上重新建构的模块。本册教材以党的领导、人民当家作主、依法治国有机统一为逻辑展开，讲述我国政治生活与法治建设的基本内容，阐释党的领导是人民当家作主和依法治国的根本保证，人民当家作主是社会主义民主政治的本质特征，依法治国是党领导人民治理国家的基本方式，奠定学生政治立场与法治思维的基础。

附：必修3《政治与法治》目录

第一单元　中国共产党的领导

　　第一课　历史和人民的选择

　　　　1.1　中华人民共和国成立前各种政治力量

　　　　1.2　中国共产党领导人民站起来、富起来、强起来

　　第二课　中国共产党的先进性

　　　　2.1　始终坚持以人民为中心

　　　　2.2　始终走在时代前列

　　第三课　坚持和加强党的全面领导

　　　　3.1　坚持党的领导

　　　　3.2　巩固党的执政地位

　　综合探究　始终走在时代前列的中国共产党

第二单元　人民当家作主

　　第四课　人民民主专政的社会主义国家

　　　　4.1　人民民主专政的本质：人民当家作主

　　　　4.2　坚持人民民主专政

　　第五课　我国的根本政治制度

5.1 人民代表大会：我国的国家权力机关

5.2 人民代表大会制度：我国的根本政治制度

第六课 我国的基本政治制度

6.1 中国共产党领导的多党合作和政治协商制度

6.2 民族区域自治制度

6.3 基层群众自治制度

综合探究 在党的领导下实现人民当家作主

第三单元 全面依法治国

第七课 治国理政的基本方式

7.1 我国法治建设的历程

7.2 全面推进依法治国的总目标与原则

第八课 法治中国建设

8.1 法治国家

8.2 法治政府

8.3 法治社会

第九课 全面推进依法治国的基本要求

9.1 科学立法

9.2 严格执法

9.3 公正司法

9.4 全民守法

综合探究 坚持党的领导、人民当家作主、依法治国有机统一

2. 主要内容及学业要求

(1) 主题 1：中国共产党的领导

① 引述宪法序言，说明没有中国共产党就没有新中国，阐明中国共产党

成为执政党的必然性。

② 引述党章规定，明确党的性质、宗旨和指导思想。

③理解坚持党对一切工作领导的意义，阐述中国共产党依宪执政、依法执政的道理、方式和表现。

④保障各国家机关依法行使自己的职权。党在执政活动中，应养成宪法思维，善于照宪法精神来观察、分析和解决社会问题，其所制定的政策应能够符合最广大人民的利益要求。

(2) 主题2：人民当家作主

①列举宪法有关人民主体地位的规定，说明我国是人民民主专政的社会主义国家，人民代表大会制度是我国的根本政治制度。

②阐明中国共产党领导的多党合作和政治协商制度是具有中国特色的基本政治制度。

③阐述民族区域自治制度是符合我国国情的基本政治制度，铸牢中华民族共同体意识；解释公民享有宗教信仰自由的含义。

④领悟基层群众自治制度是我国人民依法直接行使民主权利的基本政治制度。基层群众自治制度是中国特色社会主义民主政治的重要内容，实行自我管理、自我服务、自我教育、自我监督，对干部实行民主监督，成为我国发展社会主义民主政治最直接、最广泛、最生动的民主实践，有利于人民群众依法管理自己的事务和民主素质的提高。

实行基层群众自治，发展基层民主，保障人民依法行使民主权利，是中国特色社会主义民主政治的重要组成部分，是人民当家作主最有效、最广泛的途径，必须作为发展社会主义民主政治的基础性工程重点推进。

(3) 主题3：全面依法治国

①简述我国法治建设的成就；明确全面推进依法治国的总目标是建设中国特色社会主义法治体系，建设社会主义法治国家。

②搜集材料，阐述科学立法、严格执法、公正司法、全民守法的基本要求。

③列举事例，阐明建设法治国家、法治政府、法治社会的意义。

通过本模块的学习，学生能够结合社会实践活动，了解中国共产党的性质、宗旨和指导思想，明确党的执政地位是历史和人民的选择；阐释中国特色社会主义政治制度的基本内容、鲜明特点和主要优势；了解全面推进依法治国的总目标，知道科学立法、严格执法、公正司法、全民守法的基本要求；懂得走中国特色社会主义政治发展道路，必须坚持党的领导、人民当家作主、依法治国有机统一，理解推进国家治理体系和治理能力现代化的重要性；具备有序参与国家政治生活和社会公共生活的能力。

(四)必修4《哲学与文化》

"哲学与文化"是课程标准第4个必修课程模块，2学分，主要包括3个主题：探索世界与追求真理、认识社会与价值选择、文化传承与文化创新。本模块是在整合了原"文化生活"和"生活与哲学"相关内容的基础上形成的新结构，是引导学生认识我国文化发展和培养学生理论思维的重要模块。

1. 模块设计说明

本模块阐明马克思主义哲学是科学的世界观和方法论，讲述辩证唯物主义和历史唯物主义基本观点，坚持实践的观点、历史的观点、辩证的观点、发展的观点，在实践中认识真理、检验真理、发展真理；讲述社会生活及个人成长中价值判断、行为选择和文化自信的意义；为培育学生思想政治学科核心素养奠定世界观、人生观和价值观基础。

本模块包括以下3个主题：

(1)探索世界与追求真理

哲学是"智慧之学"，是时代精神的精华和民族精神的核心。马克思主义哲学提供了关于世界的存在方式和辩证图景的科学性、革命性的理解。

（2）认识社会与价值选择

回答人能否认识世界、人怎样认识和把握世界，阐明认识的基础、过程及其真理性和价值性，使学生树立正确的世界观、人生观和价值观，正确处理个人价值和社会价值的关系。

（3）文化传承与文化创新

哲学是文明的活的灵魂，文化具有承载和传递文明、塑造民族精神的功能；文化的力量深深熔铸在民族的生命力、创造力和凝聚力之中。

附：必修4《哲学与文化》目录

第一单元　探索世界与把握规律

　　第一课　时代精神的精华

　　　　1.1　追求智慧的学问

　　　　1.2　哲学的基本问题

　　　　1.3　科学的世界观和方法论

　　第二课　探究世界的本质

　　　　2.1　世界的物质性

　　　　2.2　运动的规律性

　　第三课　把握世界的规律

　　　　3.1　世界是普遍联系的

　　　　3.2　世界是永恒发展的

　　　　3.3　唯物辩证法的实质与核心

　　综合探究　坚持唯物辩证法 反对形而上学

第二单元　认识社会与价值选择

　　第四课　探索认识的奥秘

　　　　4.1　人的认识从何而来

4.2　在实践中追求和发展真理

第五课　寻觅社会的真谛

5.1　社会历史的本质

5.2　社会历史的发展

5.3　社会历史的主体

第六课　实现人生的价值

6.1　价值与价值观

6.2　价值判断与价值选择

6.3　价值的创造和实现

综合探究　坚持历史唯物主义 反对历史虚无主义

第三单元　文化传承与文化创新

第七课　继承发展中华优秀传统文化

7.1　文化的内涵与功能

7.2　正确认识中华传统文化

7.3　弘扬中华优秀传统文化与民族精神

第八课　学习借鉴外来文化的有益成果

8.1　文化的民族性与多样性

8.2　文化交流与文化交融

8.3　正确对待外来文化

第九课　发展中国特色社会主义文化

9.1　文化发展的必然选择

9.2　文化发展的基本路径

9.3　文化强国与文化自信

综合探究　坚持以马克思主义为指导 发展中国特色社会主义文化

2. 主要内容及学业要求

(1) 主题1：探索世界与把握规律

①比较哲学思维与日常思维的异同；理解哲学是时代精神的精华，阐明马克思主义哲学是科学的世界观和方法论。

②了解人的实践活动的特性和作用，理解社会生活的实践本质；阐明实践是认识的基础，是检验真理的唯一标准；阐述认识运动的辩证发展过程。

③说明思维和存在的关系问题，阐释世界的统一性在于它的物质性；表达无神论立场；表明坚持一切从实际出发、实事求是的态度。

④描述世界是普遍联系、永恒运动的，领会全面地、发展地看问题的意义，学会运用矛盾分析法观察和处理问题。

(2) 主题2：认识社会与价值选择

①领悟社会存在决定社会意识，理解价值观的形成与时代和环境密切相关；分析价值观差异与冲突产生的社会根源，能够进行合理的价值判断和行为选择。

②理解价值观对人们行为的导向作用，探寻实现人生价值的条件和途径，践行社会主义核心价值观。

(3) 主题3：文化传承与文化创新

①辩证地看待传统文化，领会对中华优秀传统文化进行创造性转化、创新性发展的重要意义，弘扬民族精神。

②感悟世界文化的多样性，理解文化多样性的价值，明确文化交流互鉴的途径和意义。

③辨识各种文化现象，领悟中华优秀文化作品的影响力和感召力；展示中国特色社会主义文化自信。

通过本模块的学习，学生能够结合社会实践活动，了解马克思主义哲学的基本原理；运用辩证唯物主义和历史唯物主义观点认识自然界、人类社会、人类思维，确信实践是检验真理的唯一标准；实事求是、与时俱进地观察和分析经济、政治、文化、社会、生态等现象，在生活中做出科学的价值判断和行为选择；继承中华优秀传统文化、革命文化，发展社会主义先进文化，尊重世界文化多样性，增强中国特色社会主义文化的自觉和自信；基本形成正确的世界观、人生观、价值观。

以上这些学业要求是思想政治学科核心素养政治认同、科学精神、法治意识、公共参与在本模块的具体体现，是学生学习和掌握马克思主义科学世界观和方法论，领会并坚持中国特色社会主义文化发展道路后，要达到的具体学科核心素养目标，体现了核心素养与学科内容的有机结合。

(五) 选择性必修1《当代国际政治与经济》

"当代国际政治与经济"是课程标准新设置的选择性必修课程模块，2学分。本模块主要包括4个部分：各具特色的国家、世界多极化、经济全球化、国际组织。本模块是对必修课程相关内容的延伸与拓展，对进一步发展学生的思想政治学科核心素养起着特别重要的作用。本册教材立足新时代国内国际两个大局，重点讲述马克思主义的国家理论、政党理论，不同的国家性质和国家形式，世界多极化、经济全球化发展，国际组织的主要类型及作用，中国在当代国际政治与经济中的角色和贡献。

1. 模块设计说明

本模块是引导学生"放眼看世界"的重要内容，有助于学生在拓宽视野的过程中，坚持总体国家安全观，坚定不移地走中国特色社会主义道路，积极贡献中国智慧和中国力量，推动构建人类命运共同体。本模块以国际政治为框架，较为具体地介绍了几个主要西方国家形式及其特点和问题，概述了当今世界政治经济发展的基本趋势和我国独立自主的和平外交政策。

学习本模块，有益于学生了解现代西方国家形式，从中借鉴人类政治文明的有益成果，了解当代国际组织的发展状况，以及中国在国际组织中的地位和作用,从而拓宽政治视野,培养世界眼光。更重要的是,本模块坚持以马克思主义的国家观分析现代国家形式和特点,有助于学生树立正确的政治观点,增强政治鉴别力,树立总体国家安全观。此外,学生通过了解西方主要资本主义国家的政治制度,世界多极化趋势下各国政治经济发展的基本特点,以及我国独立自主的和平外交政策等,能进一步明确我国民主政治制度的特点和优势,明确我国政治建设绝不能照搬西方政治制度模式,从而坚定发展中国特色社会主义民主政治的信念。

新课标对这一模块的概述,以整合的方式体现了上述基本思路,凸显了本模块在思想政治教育与学科核心素养培育中的重要地位。课程在选择本模块的内容、安排本模块的逻辑顺序与结构时,主要遵循了以下三种基本思路:

第一,着眼于从国际视野角度培养学生的思想政治学科核心素养。广阔的国际视野是学生必备的思想政治学科核心素养,是思想政治核心素养内涵的应有之义。只有在国际对比中,学生才能不盲从,更加坚定中国特色社会主义道路自信,更加坚定地维护国家利益和国家安全,拥有更加强烈的家国情怀与爱国意识。

第二,着眼于当代国际政治与经济的基本趋势,结合思想政治课程的基本性质和理念设计课程内容。当代国际政治与经济的基本发展趋势是政治多极化与经济全球化,本模块围绕上述趋势,精心选择符合思想政治教育要求与适合培养思想政治学科核心素养的内容。

第三,着眼于选择性必修课程的功能定位,国际经济的相关内容与选修课程"财经与生活"有着合理分工。选择性必修课程应具有一定的专业性,以满足高校的需要、社会的需要、学生职业发展的需要,所以本模块从培养学生国际视野的角度选择国际经济等教学内容。但需要注意的是,在国际经济中大量与财经素养有关的内容不在本模块讲述,而是放在"财经与生活"模块。

附：选择性必修1《当代国际政治与经济》目录

第一单元 各具特色的国家

  第一课 国体与政体

    1.1 国家是什么

    1.2 国家的政权组织形式

    1.3 政党和利益集团

  第二课 国家的结构形式

    2.1 主权统一与政权分层

    2.2 单一制和复合制

  综合探究 国家安全与核心利益

第二单元 世界多极化

  第三课 多极化趋势

    3.1 世界多极化的发展

    3.2 国际关系

  第四课 和平与发展

    4.1 时代的主题

    4.2 挑战与应对

  第五课 中国的外交

    5.1 中国外交政策的形成与发展

    5.2 构建人类命运共同体

  综合探究 贡献中国智慧

第三单元 经济全球化

  第六课 走进经济全球化

    6.1 认识经济全球化

6.2 日益开放的世界经济

第七课 经济全球化与中国

7.1 开放是当代中国的鲜明标识

7.2 做全球发展的贡献者

综合探究 推进高水平对外开放 完善全球治理

第四单元 国际组织

第八课 主要的国际组织

8.1 日益重要的国际组织

8.2 联合国

8.3 区域性国际组织

第九课 中国与国际组织

9.1 中国与联合国

9.2 中国与新兴国际组织

综合探究 国际视野及国际人才

2. 主要内容及学业要求

与必修课程模块不同，本模块不再采取教学提示与内容要求左右并列的方式呈现。本模块的教学提示立足于情境式教学，着重提示教师如何选择恰当的、真实的国际政治与经济问题情境，以及如何结合问题情境整合相关的教学内容、需要学生探究的问题，并适当提示活动型学科课程实施的形式。这些提示均是指导式的、选择式的、线索式的，教师可以根据自己的经验与学情，充分搜集相关材料，积极创新自己的教学情境和方法，而不必拘泥于课程标准的提示。

本模块围绕当今世界多极化与经济全球化趋势，解析不同的国家性质和国家形式，说明国际关系的主要影响因素和世界经济发展的基本特点。介绍国际组织的主要类型及其作用，引导学生在拓展国际视野的过程中，坚持总体国家安全观，坚定不移地走中国特色社会主义道路，积极贡献中国智慧和中国力量，推动构建人类命运共同体。

(1) 主题 1：各具特色的国家

①了解国体和政体的关系，揭示国家的本质，理解国家管理形式的多样性。

②解析国家的结构形式，理解维护国家统一、捍卫国家主权的意义。

③引用实例，比较不同国家的特点及其发展状况，阐明我国的总体国家安全观。

(2) 主题 2：世界多极化

①引用国家之间合作、竞争、冲突的实例，印证国家利益和国家实力是决定国际关系的主要因素。

②引述有关资料，全面阐述和平与发展是当今时代的主题，描述世界多极化趋势；解释我国独立自主的和平外交政策，阐述合作共赢的理念，认识构建人类命运共同体的意义。

③阐明霸权主义、强权政治的危害，了解共商共建共享的全球治理观，理解国际关系民主化的意义。

(3) 主题 3：经济全球化

①辨识国际经济中的比较优势，描述当代国际经济发展的基本特点和趋势。

②分析经济全球化的机遇和挑战，坚持正确义利观，阐释推动建设开放型世界经济的意义。

③引用实例，说明中国如何推动经济全球化朝着更加开放、包容、普惠、平衡、共赢的方向发展。

(4)主题4：国际组织

①阐释联合国宪章倡导的国际关系基本准则，评析联合国在国际事务中发挥的作用；分析世界贸易组织、世界银行、国际货币基金组织在国际经济事务中发挥的作用。

②识别主要的区域性国际组织，评价区域性国际组织在国际事务中发挥的作用。

通过本模块的学习，学生能够在全球视野中观察不同国家的政治制度，坚定中国特色社会主义道路自信、理论自信、制度自信、文化自信；理解各国相互联系的程度空前加深，全球越来越成为相互依存的命运共同体，懂得和平与发展是时代主题、合作共赢是时代潮流；解析当今世界多极化与经济全球化进程，理解国际组织在国际事务中的作用；明确国家利益和国家实力是决定国际关系的主要因素；具有融入国际社会的积极意愿和开放态度，自觉维护国家主权、安全、发展利益。

(六)选择性必修2《法律与生活》

作为选择性必修课程模块，"法律与生活"旨在落实和推进法治教育，2学分。其核心内容主要包括4个主题：民事权利与义务、家庭与婚姻、就业与创业、社会争议解决。本课程为学生提供日常生活中所需的法律常识，可以进一步提高学生的思想政治学科核心素养，增强其法治意识。

1. 模块设计说明

全面推进依法治国，建设社会主义法治国家，离不开在全社会进行法律教育和法治宣传。法律的权威源自人民的拥护和真诚信仰，人民权益要靠法律保障，法律权威要靠人民维护。因此，必须弘扬社会主义法治精神，建设社会主义法治文化，增强全社会厉行法治的积极性和主动性，形成守法光荣、违法可耻的社会氛围，使全体人民都成为社会主义法治的忠实崇尚者、自觉遵守者、坚定捍卫者。

学生是国家的未来，在学生中开展法律教育，对其自身、其所在的家庭以及整个社会都有着重要的意义。通过法律知识的学习，学生可以比较全面地了解中国特色社会主义法律体系的内容，了解我国现行的法律规范，为其生活提供指引；可以知晓自己在与他人的交往行为中拥有的权利和应该履行的义务，指引他们做出正确的行为选择，用合理的方式维护自身的合法权益；可以在其家庭中充当法律知识的传播者，这对于整个家庭法律素养的提高具有重要意义；可以成为基层法律宣传的生力军，这对整个社会法律知识的普及和法治理念的传播具有重要意义。总之，只有不断增强学生的法治意识，推动学生成为社会主义法治的忠实崇尚者、自觉遵守者、坚定捍卫者，引导学生依法行使权利、履行义务、维护公平正义，才能促进整个法治社会和法治国家的建设。

附：选择性必修2《法律与生活》目录

第一单元　民事权利与义务

　　第一课　在生活中学民法用民法

　　　　1.1　认真对待民事权利与义务

　　　　1.2　积极维护人身权利

　　第二课　依法有效保护财产权

　　　　2.1　保障各类物权

　　　　2.2　尊重知识产权

　　第三课　订约履约　诚信为本

　　　　3.1　订立合同学问大

　　　　3.2　有约必守　违约有责

　　第四课　侵权责任与权利界限

　　　　4.1　权利保障　于法有据

4.2　权利行使 注意界限

综合探究　财产制度助力经济社会发展

第二单元　家庭与婚姻

第五课　在和睦家庭中成长

5.1　家和万事兴

5.2　薪火相传有继承

第六课　珍惜婚姻关系

6.1　法律保护下的婚姻

6.2　夫妻地位平等

综合探究　家庭生活 法律守护

第三单元　就业与创业

第七课　做个明白的劳动者

7.1　立足职场有法宝

7.2　心中有数上职场

第八课　自主创业与诚信经营

8.1　自主创业 公平竞争

8.2　诚信经营 依法纳税

综合探究　企业创办之旅

第四单元　社会争议解决

第九课　纠纷的多元解决方式

9.1　认识调解与仲裁

9.2　解析三大诉讼

第十课　诉讼实现公平正义

10.1　正确行使诉讼权利

10.2　严格遵守诉讼程序

10.3　依法收集运用证据

综合探究　感受司法公正

2. 主要内容及学业要求

本模块聚焦公民依法维护合法权益的法律行为，介绍公民一般的民事权利和义务。了解婚姻家庭中的法律关系和法律责任、劳动关系的法律保障、社会纠纷的解决机制和法律程序，为学生进一步提高思想政治学科核心素养、增强法治意识，提供日常生活中的法律常识。

(1)主题1：民事权利与义务

①了解我国民法的基本原则，识别我国公民的民事权利和民事责任。

②列举物权法的基本原则和物权的主要类型，懂得维护物权的途径。

③简述合同的含义和价值，理解合同的主要内容和违约责任，了解合同订立的程序，熟悉解决合同纠纷的途径。

④理解侵权责任的内容，树立依法承担责任的观念。

(2)主题2：家庭与婚姻

①熟知监护、抚养、扶养、赡养、继承等民事关系，培育家庭责任意识。

②理解婚姻法律关系，阐释正确的婚姻家庭观念。

(3)主题3：就业与创业

①了解劳动法的基本原则，理解劳动者的权利和义务，解释劳动合同的主要内容，熟悉劳动者依法维权的途径和方式。

②列举与创业有关的企业登记、企业信息公示、税收和知识产权保护等基本法律制度，评述市场竞争的基本规则，说明依法经营的必要性。

(4)主题4：社会争议解决

①识别人民调解、行政调解等不同的调解方式，明确调解制度的特点和程序。

②列举劳动人事争议仲裁、经济仲裁等仲裁形式，明确仲裁制度的特点和程序。

③解析民事诉讼、刑事诉讼、行政诉讼的特点和程序，说明不同诉讼中的举证规则，树立证据意识。

④概述公民的诉讼权利，熟悉公民获得法律援助的渠道。

通过本模块的学习，学生能够结合生活实际，更加全面地认识公民的民事权利和义务；更为具体地理解婚姻家庭中的法律责任，以及与创业和就业相关的法律制度；理性地看待生活中的矛盾和纠纷，懂得调解、仲裁、诉讼等不同的纠纷解决机制；进一步提高主动学法的意愿、自觉用法的能力。

这些学业要求旨在使学生掌握与日常生活息息相关的民事权利与义务、与就业和创业相关的法律规范以及多元化的纠纷解决机制。通过本模块的学习，学生能够正确行使权利、积极履行义务，在遇到纠纷时能通过正当的途径维护自身的合法权益，不断提高主动学法、自觉用法的能力。

(七)选择性必修3《逻辑与思维》

"逻辑与思维"源自实验版课程标准中的选修课程模块"科学思维常识"，2学分。本次课程结构调整将其修改为选择性必修课程，就是要突出这一课程对于培养学生思维的重要性，引导学生通过课程学习，把握逻辑思维和辩证思维的方法，提高创新思维能力，进而为他们在学习和生活中提升认识水平提供帮助和指导。

1. 模块设计说明

通过本模块的学习，学生能够遵循逻辑思维的要求，掌握逻辑思维和辩证思维的方法，提高逻辑思维的能力，提升自己的思维品质；在学会运用逻辑思维观察和理解社会、更好地胜任各领域工作的过程中，培养科学精神和创新精神，进一步提高自身的思想政治素养。

附：选择性必修 3《逻辑与思维》目录

第一单元　树立科学思维观念

　第一课　走进思维世界

　　1.1　思维的含义与特征

　　1.2　思维形态及其特征

　第二课　把握逻辑要义

　　2.1　"逻辑"的多种含义

　　2.2　逻辑思维的基本要求

　第三课　领会科学思维

　　3.1　科学思维的含义与特征

　　3.2　学习科学思维的意义

　综合探究　学会科学思维　提升思维品质

第二单元　遵循逻辑思维规则

　第四课　准确把握概念

　　4.1　概念的概述

　　4.2　明确概念的方法

　第五课　正确运用判断

　　5.1　判断的概述

　　5.2　正确运用简单判断

　　5.3　正确运用复合判断

　第六课　掌握演绎推理方法

　　6.1　推理与演绎推理概述

　　6.2　简单判断的演绎推理方法

　　6.3　复合判断的演绎推理方法

第七课　学会归纳与类比推理

　　7.1　归纳推理及其方法

　　7.2　类比推理及其方法

综合探究　把握逻辑规则　纠正逻辑错误

第三单元　运用辩证思维方法

第八课　把握辩证分合

　　8.1　辩证思维的含义与特征

　　8.2　分析与综合及其辩证关系

第九课　理解质量互变

　　9.1　认识质量互变规律

　　9.2　把握适度原则

第十课　推动认识发展

　　10.1　不作简单肯定或否定

　　10.2　体会认识发展的历程

综合探究　领悟辩证精髓　处理复杂问题

第四单元　提高创新思维能力

第十一课　创新思维要善于联想

　　11.1　创新思维的含义与特征

　　11.2　联想思维的含义与方法

第十二课　创新思维要多路探索

　　12.1　发散思维与聚合思维的方法

　　12.2　逆向思维的含义与作用

第十三课　创新思维要力求超前

　　13.1　超前思维的含义与特征

　　13.2　超前思维的方法与意义

综合探究　结合社会实践　勇于开拓创新

2. 主要内容及学业要求

本模块共包括4个主题:"学会科学思维"是总论部分,从总体上让学生理解"什么是科学思维";"遵循逻辑思维要求""运用辩证思维方法""提高创新思维能力",分别从逻辑思维、辩证思维、创新思维的角度,对科学思维进行更加详细的阐释。

(1) 主题1:学会科学思维

①描述常见的思维活动,体会思维是人类所特有的属性,了解思维的基本形态和特征;懂得正确思维的基本条件。

②区分抽象思维和形象思维;掌握科学思维的特点,体悟学会科学思维的意义。

(2) 主题2:遵循逻辑思维要求

①知道概念是反映事物本质属性的思维形式;理解任何概念都是内涵和外延的统一。

②知道判断的基本特征;了解形成恰当判断的条件;学会正确地运用判断;结合具体的判断活动,区分判断的不同类型。

③了解推理的类型;掌握演绎推理的方法;学会归纳推理、类比推理;评析常见的推理错误。

④辨析常见的逻辑错误,掌握形式逻辑的三个基本规律。

(3) 主题3:运用辩证思维方法

①结合对复杂事物的把握,体会辩证思维的特征;理解分析与综合的辩证关系。

②联系事物发展过程中的渐进性和飞跃性,懂得事物的发展过程是量变与质变的统一;理解质量互变规律,把握适度原则。

③辨析简单肯定一切或否定一切的危害,解析认识经由"感性具体—思维抽象—思维具体"的途径;了解辩证否定观的实质;体会认识不断深化的

历程。

(4)主题4：提高创新思维能力

①体会联想思维中迁移、想象的运用；了解联想思维的方法和特点；知道迁移、想象在创新思维中的作用。

②了解发散思维中所采取的推测等方法；概括发散思维的特点；知道聚合思维和发散思维的功能。

③分析逆向思维的依据和优势；发挥正向思维和逆向思维的互补作用。

④体会超前思维是对常识局限性的突破和超越；把握超前思维的探索性、预测性特点；了解创造性预测事物发展态势的意义。

通过本模块的学习，学生能够经历探究过程，明确科学思维的重要意义；学会遵循逻辑思维的规律，把握辩证思维的方法，提高创新思维的能力，提升自己的思维品质；能够正确运用科学思维方法观察和理解社会，处理学习和生活中遇到的问题。

(八)选修课程(含"财经与生活""法官与律师""历史上的哲学家")

选修课程是学生自主选择修习的课程，涉及个人生活、职业体验、大学选修课等方面的内容，学校可以根据思想政治课程标准的建议和学校办学特色，结合学生的多样化需求以及当地社会、经济、文化发展的需要，来开发设置选修课程。

2020年修订版的课程标准进一步明确，选修课程不属于国家课程，其开发主体是学校，应纳入校本课程的管理。思想政治课程标准中的选修课程分别为"财经与生活""法官与律师""历史上的哲学家"，是对相关必修课程和选择性必修课程的进一步拓展。选修课程在课程标准中的呈现方式不同于必修课程、选择性必修课程，只呈现了内容要求，教师在教学中，可根据学生兴趣、选修情况、教学进度组织教学。限于篇幅，我们对以上三门选修课程不再做具体分析和总结。

三、思想政治教材使用建议[①]

教师在课堂教学中要深刻认识新版高中思想政治教材的重大意义，提高政治站位，突出战略定位，落实育人本位，准确把握新教材的课堂教学实施这一重点环节，在教学实践中做到：既用好教材，又要超越教材。

(一) 如何用好教材

本套必修教材是国家中小学思想政治课教材建设的最新成果，以知识传授和讲解为载体，以价值传递和塑造为目的。教材容量较大，内容较深，教师要在教材上下大功夫，开展议题式、活动型教学。

1. 从思想政治教材编写背景及内容中汲取课堂教学智慧

第一，以课程标准为依据，充分体现了习近平新时代中国特色社会主义思想，全面融入社会主义核心价值观，弘扬中华优秀传统文化、革命文化和社会主义先进文化，引导学生做德智体美劳全面发展的社会主义建设者和接班人，坚持正确的政治、战略方向。

第二，遵循学生认知规律和教育教学规律，贴近学生思想、学习、生活实际，以学科知识为支撑，以培育核心素养为主导，以构建活动型学科课程为主线，精选基本学习内容，既关注学生全面发展，又关注学生个性发展，提升综合素质，促进终身发展，坚持以学生为本的理念。

第三，按照"不忘本来、吸收外来、面向未来"的要求，既使经典内容代代相传，又体现时代性，反映经济社会发展、科技进步和马克思主义中国化时代化最新成果，具有前瞻性和国际视野，让学生成为具有世界眼光的人，成为能够担当民族复兴大任的时代新人，实现在继承基础上创新、创新过程中继承的有机统一。

[①] 谢可奇. 用好教材 超越教材 以考定教——高中思想政治统编教材教学建议[J]. 福建基础教育研究，2021(1)：8.

第四，加强与义务教育阶段教材的纵向衔接，实现主线贯穿、循序渐进、螺旋上升，并加强与语文、历史教材之间的横向配合，积极适应普通高中育人模式和评价模式改革，发挥学科综合育人的作用，坚持综合协同。

2. 以"阅思达"教学法让思想政治学科核心素养在课堂落地

当前我们正从教育时代转向学习时代、从知识时代转向素养时代，学生的学习最终指向的是素养的形成。要想"让思想政治学科核心素养在课堂教学中高质量落地""让学生的学习在课堂高质量发生"，就必须使用"深度阅读+高阶思维+个性表达"的教学方法。"阅思达"教学法的内涵用公式表示就是：学科学习（教学）=学科阅读+学科思考+学科表达。其理论基础来源于认知加工理论，即完整的认知过程包括认知输入、认知加工、认知输出三个环节。与此相对应，完整的学习过程包括阅读、思考、表达三个环节。通过使用"阅思达"教学法，可以让思想政治学科核心素养在课堂高质量落地，能将原先的"先学后用"转化为"学用合一"，这样就能让学生在课堂学习中挖掘学科本质，将所学知识内化于心、外化于行，成为结构化的、被整合的知识体系。因此，抓住了"阅读、思考、表达"就等于抓住了教育的命脉，让教育摆脱"听课、练习、作业、刷题、复习、考试"的桎梏，回归教育的本源和核心，让学生在阅读、思考、表达活动中体验阅读的快感、思考的乐趣、表达的喜悦，满足自身的求知欲、探究欲和表现欲，并从中发现自我的力量和潜能，激发学习的内驱力。具体表现在：

第一，指导学生深度阅读。中学思想政治课教师要明确指导学生，通读整套教材，详读整本教材，细读单元教材，精读课时教材。引导学生体验社会生活实践情境和文本类情境，其中，社会生活实践情境主要指经济、政治、文化、社会、生态文明建设等生产生活领域的情境，文本类情境主要指领袖人物的讲话与论著、报告与法规等政策类文本，以及相关社会科学与人文学科领域专家的学术文献等。

第二，培养学生高阶思维。中学思想政治课教学不能仅仅满足于教给学生一些具体的知识、一些既定的结论，更重要的是要帮助学生树立学科思想，形成学科思维，把知识转化为智慧，提升学生认识世界、改造世界的能力。

第三，鼓励学生勇于表达。表达能力主要包括口头表达能力和文字表达能力。课堂教学绝不是教师宣读既定结论、宣讲"标准答案"的过程，教师在课堂上要给予学生表达与交流自主学习成果的机会（触发反思），鼓励生生、师生相互质疑、相互解答（激励反思），引导学生通过课堂上有深度的交互活动，对其自主建构的过程和结果进行反思（引导反思深入），从而真正提升学科核心素养。

(二) 如何超越教材

教师用好教材的最高境界是依据教材而不拘泥于教材，源自教材而又超越教材。所谓的"超越教材"，主要体现在以下两个方面：

1. 把握教材分析的辩证法

第一，用联系的观点理解教材。具体包括：一是"上下结合"，指教材分析必须跳出教材本身这一圈子，延续到上下多个层面。既要分析国家的要求（课程标准），也要分析学生的需要（学生实际）；既要分析教材的目标（编写者的意图），也要分析教学的目标（教学实际）。二是"左顾右盼"，指分析与思想政治学科教材有共同任务和功能的种种因素，尤其是相关学科及教材。要关注思想政治与语文、历史等学科之间、本学科教材之间的联系，注意分析教材内容与学校各种德育途径、学校有关德育工作安排的关系。三是"瞻前顾后"，指教材分析要关注种种前后相继的关系。从教材本身看，要分析教材的前后联系；从学生方面来说，要了解学生学习的已有基础和将要学习的内容。

第二，以发展的观点处理教材。也就是教师在处理教材时，要有所突出，有所延伸，有所创新，有所整合，有所忽略，有所改进。

第三，以对立统一的观点研究教材。教师既要对教材进行宏观把握，也要对教材进行微观分析，处理好宏观微观之间的关系。所谓宏观把握，就是把教材视为教学系统中的一个变量，从教材与其他相关因素的联系对教材进行分析；所谓微观分析，就是对教材本身进行深入细致的分析。

第四，以质疑的观点审视教材。通过质疑教材促使我们改进教学设计，领悟课标理念，开阔研究视野，反思课程本质。以质疑的思想审视教材，既要从静态进行，也要从动态进行。所谓静态分析，就是把教材作为一种教学材料，进行客观分析和描述；所谓动态分析，就是把教材看作一个与教师、学生、教学环境、社会实际等因素相互作用的变量，从这种相互作用中对教材进行分析和研究。

2. 掌握富有思想政治学科特色的教学法

第一，探究导入法。教师要根据学生实际、教学内容，创造性地选择最恰当的探究导入方式，使课堂教学事半功倍，提高课堂教学的实效性。要知道，精彩的课堂探究导入对提高中学思想政治课的教学实效性有着十分重要的意义。常用的新课导入方式有开门见山法、复习导入法、悬念导入法、故事导入法、视频导入法、时事导入法等。

第二，正面讲授法。正面讲授法是帮助学生系统掌握知识的基本方法，是发挥教师教学主导作用的重要路径，也是实现中学思想政治课德育功能的必要手段。正面讲授法的使用与否，与课程的性质和任务以及学生的实际有关。在使用高中思想政治教材时，教师应做到：遵循教育教学规律，坚持科学适度原则；更新教育教学观念，转变教师角色；融合现代教育手段，提高讲授效果；结合其他教学方法，发挥综合效应；提高教师专业素养，增强讲授技能。

第三，议题拓展法。议题拓展法是对传统教学方式的创新与发展，是指教师根据教学实际与学生实际确定议题，创设真实的场景和情境，让学生在民主、开放的氛围中习得学科知识。具体做法大致为：教师在认真解读课程标准、了解教材内容和学生身心发展规律的基础上，从书本、学生或者自身实践中确定适合的议题，然后进行信息搜集、问题探究、疑难辨析，最后进行理论总结和情感提升，使学生的核心素养和情感体验得到有效提升。

第四，实践教学法。中学思想政治课实践教学的主要形式为：课堂中的实践教学、校园内的实践教学以及社会上的实践教学。其中，中学思想政治课堂中的实践教学可以理解为"活动型学科课程"，即课程内容采取活动设计的方式呈现，也可以理解为"课程内容的活动化"或"活动设计的内容化"。这是中学思想政治学科最具特色的变化，它是学科核心素养主导课程实施的必然选择，也是中学思想政治课教学走出若干困局的关键抉择。

【思考题】

1. 根据新课标理念，教师应该树立怎样的"教材观"？
2. 在分析教材时，如何确立和突破教材中的重难点？
3. 在使用教材时，如何做到既"使用教材"又"超越教材"？

第四章
中学思想政治教学设计

教学是一种有目的、有计划的实践活动，教学设计是实施中学思想政治教学的重要环节，是教师能否保质保量地完成教学任务、达成教学目标的重要因素。教学设计建立在对教材的科学分析之上，是教材分析在教学实践中的进一步运用，是决定教学实施、保障教学质量的关键环节。

本章将在概述思想政治教学设计基础知识、基本环节以及主要流程的基础上，分别对初、高中阶段的思想政治教学设计进行案例式展示。通过本章知识的学习，希望学生能够明确中学思想政治教学设计的目的，理解中学思想政治教学设计的一般要素，熟悉中学思想政治教学的基本流程，掌握中学思想政治教学设计的一般技能和方法，能够准确分析和运用教材，把握教学要素、优化教学策略，增强教学活动的目的性和计划性，提高中学思想政治教学的效果，保障中学思想政治教学的科学性和有效性。

第一节 思想政治教学设计概述

在进行中学思想政治教学设计之前，有必要了解教学设计的目标、一般要素、基本程序等基本概念及相关要求。

一、中学思想政治教学设计的目标

关于什么是教学设计，中外学者提出了许多不同的观点，分别从不同的侧面对教学设计的内涵进行了界定。在这些研究成果的基础上，我们将相关内容总结如下。

(一)教学设计的内涵

就中学思想政治教学而言，所谓的教学设计，是指遵循教育教学的一般理论和规律，以思想政治学科的教学理论为依据，针对思想政治教学内容的规定，对教学系统的各要素、教学过程的各环节进行整体规划，形成符合思想政治学科要求的具有可操作性的教学活动实施方案。

从表现形式看，中学思想政治教学设计主要包括文本形式的教学实施方案、多媒体教学课件、学生学习方案(学案)这三个部分。一般而言，人们关注的主要是文本形式的教学实施方案，这也是一般意义上的教学设计，我们也是据此展开讨论。

(二)教学设计的特征

自20世纪80年代我国开展教学设计方面的理论研究以来，许多教育学者在吸收国外教学论的基础上，从我国教学实践的具体实际出发，从教学的计划方案、措施方法、操作程序、组织实施等角度，对教学设计的概念进行了不同的界定，反映出了中学思想政治教学设计的一般特征。

1. 教学设计要基于一定的教育教学理论

特定的实践活动总是在特定的思想理论指导下进行的，没有理论指导的活动就是盲目的活动。因此，教学设计必然是在一定的理论指导下进行。教学设计沟通着教学理论与实践、教学目标和客观效果，必须在一定的教育教学理论指导下进行。这些理论包括系统科学理论、学习理论、教学理论、传播理论等。

2. 教学设计运用系统方法对教学进行规划

在教学活动中，涉及教师活动、学生活动及师生间的活动。教学设计涉及对教学环境的综合考虑和运用，如教学设施设备的功能，教学环境的设置、班风、文化建设等；事关教学过程中的各个要素，如教学起点、教学目标、教学方法、教学评价等。因此，只有对教学进行系统的规划，才能避免盲目地教学，让教师的教学活动变得更加有效。

3. 教学设计是具有可操作性的教学活动实施方案

教学设计的方案既要符合教育教学的一般理论，又要符合学科教学的内容和特点，还要符合学习者的认知水平和学习兴趣，具有切实可行的特征。简言之，教学设计是符合学科特点和学生身心特点的、具有可操作性的教学活动的实施方案，这是教学设计时必须要充分考虑的。

4. 教学设计是一个动态、持续的活动

教学设计不是单纯呈现在我们面前的文本，不是一个静态的设计，而应当是一种动态的、持续的活动。因为无论是课时教学设计还是单元教学设计，其设计都需要一个不断推进、不断完善、不断反思的过程，需要根据学情不断补充和修改。在教学实施的层面，教师也是根据课堂教学的实际及时地设计、调整教学活动的。教学的目的在于帮助学习者学习，而教学设计在于优化学习策略和提高学习者的学习兴趣，进而提高学习效率。因此，教学设计必然是一个动态、持续的过程。

二、中学思想政治教学设计的一般要素

思想政治教师进行教学设计的操作流程一般包括：教材分析、学情分析、制定教学目标、确定教学重难点、选择教学方法和教学媒体、设计教学的过

程、板书设计、教学反思等环节。

在传统的教学设计(多称"教案")中，主要是从教师"教"的角度出发，主要解决"教什么"和"怎样教"的问题。新课改以来的思想政治教学设计更加注重从学生"学"的角度出发，弄清"学什么"和"怎样学"的问题。因此，中学思想政治教学设计主要是为了学生更好地学习而设计的，重点要体现教学活动的学生主体性，从教学目标设定、教学内容分析、教学手段选择、教学重难点突破等方面充分考虑学生的认知特点、学情状况和思想道德实际，把学生作为教学活动设计的出发点。通过预设解决学生在学习过程中遇到的实际问题，制定教学的策略和方法，帮助学生真正提高学习效率和能力。

综上所述，在中学思想政治课堂教学的设计中，要考虑的教学要素主要有"教"和"学"两个方面。具体要求如下：

(一)从"教"的方面看

第一，教学内容的分析和认识。教学内容主要依据中学思想政治课程标准、教材上规定的学习内容和任务，分析每部分内容在整个课程中的地位和作用、与前后内容之间的联系，准确把握教学内容的重点和难点。

第二，教学策略和手段的选择。教学策略是达到比较大的目标的总策略，教学手段则是关于各个特定环节的处理方法和使用工具，如何把两者结合起来，就决定了教学策略能否成功选择和教学手段能否合理运用，也就决定了能否成功达到教学目标。

第三，教学过程的设计。教学过程主要包括六个基本环节：一是激发学习动机；二是感知学习内容；三是理解学习内容；四是运用知识经验；五是巩固学习成果；六是评估学习效果。

中学思想政治教学过程中每一个环节的展开，需要运用导入、提问、讲授、讨论、过渡、强化、总结等技能，对教学活动加以规划，使整个教学自然、高效、流畅。

(二) 从"学"的方面看

第一，学情分析，即学生在学习相关教学内容之前掌握与本次教学内容直接相关的情况，以及学生在学习新知识之前已经具备的知识结构和学生的个性差异。它是进行教学目标设计的基础，也是选择教学策略手段的依据，更是进行教学活动设计的落脚点。

第二，教学目标的确定，即教学活动要达到的预期结果和标准，是教学活动的出发点和归宿。按照教育部颁布的现行初中和高中的思想政治课程标准，除了要从知识与技能、过程与方法、情感态度价值观三个维度进行描述，还应该体现学科核心素养的目标要求。

第三，教学活动的设计，要根据教学内容与学情分析，选择讲授式、情境式、自主合作探究式、参与式、任务式、体验式等活动方式，设计学习的具体形式。

第四，学生练习的设计，包括课堂练习的设计，也包括课后练习的设计，是巩固学习成果、评估学习效果的重要方法。

必须指出，教学设计需要系统考虑教学的相关因素，但并没有一个固定模式，即所谓"教无定法""学无定法"。从线性逻辑层面来看，教学设计要回答四个问题："我们在哪里？""我们去哪里？""我们怎样到达那里？""我们是否到达了那里，又是如何知道的？"

中学思想政治教学设计同样无法回避这四个问题。如果说教学内容分析、学情分析是解决"我们在哪里"的问题，那么教学目标的确立则是解决"我们去哪里"的问题，教学策略和手段的选择、教学活动的设计则是解决"我们怎样到达那里"的问题，课中和课后练习是回答"我们是否到达了那里，又是如何知道的"的问题。厘清了这四个问题，中学思想政治教学设计才能成为真正意义上的指导教师教学和学生学习活动有序开展的行动指南。

综上所述，中学思想政治教学设计是一项系统的工作，在进行教学设计时要整体考虑课堂教学各个要素和教学过程的各个环节。从教学系统讲，中学思想政治的教学要素有教学内容（课程标准和教材）、学生的学情、教学重难点、教学策略手段、教学媒体工具、教学过程、课后练习等；从教学活动来讲，有教师活动、学生活动、师生互动；从教学过程讲，有启发、感知、理解、巩固、运用、评价等阶段，需要运用导入、提问、讲授、课堂讨论、课堂结束等教学技能。而且，这些教学因素、教学过程各阶段是相互影响和制约的，教学各阶段和教学技能的选择运用也是相互影响、相互作用的，共同构成了教学设计系统这个整体。为了达成教学目标，提高学习效率，有必要对各个教学因素和教学过程各个环节进行系统安排，选择最佳组合方式，以实现教学效果的最优化。

三、中学思想政治教学设计的基本程序

（一）研究课程标准

中学思想政治课程标准是国家教育行政部门指定的教学文件，体现了国家对思想政治课程的要求，是进行教学设计的基本依据。在教学设计时，首先必须要认真研读课程标准，以此作为教学设计和教学活动的依据和准则。

（二）分析教材

中学思想政治教材是本学科课程标准的具体化，是最基本的教学材料。所谓分析教材，是指教师联系学生生活和社会生活实际，在研读、探究课程标准和教材文本的基础上，分析整理教材教学内容的主要观点、实质问题及其逻辑思路，明确教材中的知识与技能、过程与方法以及情感、态度、价值观，明确教学重难点，从而把握领会教材精神实质的活动和过程。

教材分析的一般要求，一是弄懂教材的基本知识和逻辑体系，把教材中的概念、原理、事实等梳理清楚，清晰把握全书的逻辑结构；二是把教材中

的重点、难点、疑点、热点搞清楚，透彻理解教材内容；三是厘清知识点、能力点、思想教育点，在解读教材的同时梳理要点；四是升华、领悟教材的精髓，将教材的教学内容转化为教师的知识与情感，由理而生情。

在教学设计中，教材分析的具体内容，一般包括以下两个方面：

1. 分析教材地位

一是所教内容在整个教材体系中的地位。中学思想政治教材是一个有机整体，其中的每一模块、每一单元、每一课、每一框、每一目都是教材的重要组成部分，都在教材体系中占有特定的地位。二是所分析的教材在学生发展中的地位和作用。分析教材的这种特定地位和意义是教师确定教学目标和教学重难点、选择和处理教材内容、撰写教学设计的重要依据。

2. 分析教材的内容结构

教材内容结构分析可以从多个层面进行，其中最基本的有三个层面。

第一，整体结构，即某一课程模块的宏观结构。中学思想政治教材的各模块都由若干单元构成，都围绕着一定的主线展开。分析教材的整体结构，有利于教师从宏观的角度通盘考虑教学，加强教学设计的计划性和系统性。

第二，单元结构，即同一教学单元内各节课之间的相互关系。分析教材的单元结构，对于分析该单元的教学目标及每一篇课文在单元中的地位和作用，具有十分重要的作用。

第三，课时内容结构，即每一课内容之间的相互关系。中学思想政治教材的各框、各目都包含了若干的知识点，各知识点之间有着这样或那样的关系。分析各知识点之间的相互关系有利于教师从微观的角度把握学科知识的内在联系，建立系统化的知识体系。

(三) 分析学情

学生是学习的主体，是关系教学活动成败的关键性因素。了解学生已有的知识基础和思想状况，特别是了解学生可能面临的学习困难和疑惑，是合理制定教学目标、恰当选择教学方法并进行教学活动设计的出发点。

在以人为本的新教学观中，学生具有三重身份：教学对象、学习主体、教学资源，其中最本质的特征就是学习主体。这就要求教师在制定教学设计时要充分考虑学生，认真落实以学生为主体、以学生发展为中心、以培育学生核心素养为目的的理念来组织教学。

学情分析的内容很多，就中学思想政治课程的教学设计来看，除了要了解班级学生的构成情况、整体学习情况，以及学生的姓名、年龄、身体状况、师生关系、家庭环境、个性心理、道德品质等一般情况外，还需重点关注学生的思想状况。这是因为，思想政治学科最根本的任务是对学生进行思想政治教育和道德教育，提高学生的思想道德素质和思想政治素质。因此，教师在教学设计中要了解学生的思想状况，包括他们对党和国家各项路线、方针、政策的态度，对国家法律和学校各项规章制度的遵守情况，对班集体的感情，对集体劳动的态度，文明礼貌和行为习惯的表现等，教师只有了解了学生的思想状况，才能使教学设计符合学生的思想实际，才能帮助学生提高认识、陶冶情操、启迪觉悟。

(四)制定教学目标

教学目标是指教学活动实施的方向和预期达成的结果，是一切教学活动的出发点和最终归宿。传统的教学设计主要是制定三维目标，即知识目标、能力目标和情感、态度与价值观目标，[①] 其中，知识目标强调的是学习完本节课，学生所理解、掌握的相关知识点；能力目标强调的是学习完本节课，学生在哪些方面的能力有所掌握或提升；情感、态度与价值观目标强调的是学习完本节课，学生的意识、情感、态度、价值观等有哪些改变或完善。在新一轮的课程改革中，重点推出了学科核心素养的育人目标。

---

① 另一种说法：三维目标是指知识与能力目标、过程与方法目标及情感、态度与价值观目标。但有学者提出，过程与方法只是教学手段，不能称之为教学目标。

所谓学科核心素养，是通过学科学习而逐步形成的正确的价值观念、关键能力、必备品格。高中思想政治的学科核心素养为政治认同、科学精神、法治意识、公共参与四个方面。新课程理念下，我们倡导"三维一体"的教学目标，其中三维目标是指知识与能力目标、过程与方法目标以及情感态度价值观目标。"一体"则是指学科核心素养目标。简单地说，所谓"三维一体"目标是以核心素养为导向，将三维目标统一于核心素养这一总目标中。

教师在制定教学目标时，需注意以下几方面的问题：

1. 教学目标的依据

一是课程标准规定的课程总目标和对本课的教学要求；二是依据本课、本节、本框的具体教学内容；三是依据所教班级学生的实际情况并结合往届学生学习本课的实际情况，来进行教学目标的设计。

2. 制定教学目标应遵循的原则

第一，整体性原则，指制定教学目标时应立足本课，兼顾多维教学目标，统筹实现各方面的核心素养。各个教学目标之间是相互联系、相互促进和相互制约的。

第二，主体性原则，指教师在制定教学目标时从学生的角度出发，体现"以学生发展为本"的核心理念，引导和促进学生自主学习、探究学习和合作学习。

第三，科学性原则，指教师在制定教学目标时必须着眼于全体学生的发展，最大限度地适应不同程度的学生的需求。

第四，具体性原则，指教师在设计教学目标时要依据课程标准的要求，根据教材的内容和学生的认知结构、能力水平、生活阅历、兴趣、习惯等，使教学目标具体化。

第五，预设与生成的统一原则，指教师在教学前就必须明确教学目标，有效引导教学过程，客观评价课堂的教学效果。

(五)确定教学重难点

教师应在研读课程标准，分析教材、学情的基础上，确定教学的重点和难点。

1. 教学重点的含义及确立依据

教学重点既可以是知识上的重点，如学科的基本概念、基本原理、基本观点，也可以是思想政治学科的重点，如需要学生掌握的思想观点和形成的行为品质。教学重点是教材中最基本、最重要、最核心的部分，在整个教材中起着重要作用，是学生学习后继内容的基础，具有常用性和应用性。具体而言，主要包括：

第一，课程标准的要求和教材的知识体系，即在整节课或整个单元甚至全册书中起重要作用的那部分知识。

第二，学生的思想实际和生活实际，即针对学生实际，能够有效解决学生中普遍存在的、带有倾向性的思想理论认知问题，以及他们在生活中遇到的实际问题的那部分教学内容理应成为教学重点。

第三，社会生活实际，即能够有效解决现实问题的具有现实意义的内容也应成为教学的重点。

2. 教学难点及确立依据

教学难点是指学生的学习困难之所在，一般是指多数学生难以理解和掌握的知识和理论问题。教学难点是相对的，是相对于学生的知识、经验、能力和思想实际水平而言的。教学难点的确定依据，主要包括：

第一，比较抽象复杂的教学内容。

第二，离学生生活实际比较远的内容。

第三，学生思想认识上比较容易产生疑难的内容。

第四，容易产生混淆、误解的相似、相近的内容。

(六)选择教学方法和策略

教学方法既包括教法,又包括学法,是教师的教法与学生的学法的有机统一。其选择依据是教学内容,特别是教学重难点、教学目标和学生学情。在选择教学方法和策略时,应注意以下几方面的事项:

1. 教学方法选择的依据

第一,教学目的和任务。包括教学过程的规律和教学原则;学校与地方可能提供的条件,涉及社会条件、自然条件、相关设备等。

第二,学生的实际情况和可接受水平。包括生理、心理和认知等方面。

第三,教师本身的素养,包括业务水平、实际经验、个性特点等。

2. 选择教学方法需要注意的问题

第一,务实高效。教学方法的选择,应该以切实提高课堂效率为标准。要从实际出发,根据教学内容的特点和师生实际,合理选用教学方法。

第二,设疑启思。教学方法的开展,在于通过问题、情境、材料等,启发学生思维,激发学生情感,推动学生参与。

第三,情理交融。教学方法的选择要有利于把知识学习、能力发展、过程与方法的训练、情感、态度与价值观的养成统一在一起,将体验、感受与理解、思考结合起来。

第四,知行统一。教学方法的落脚点,是引导学生学会理论联系实际,将所学内容与生活实践相联系,引导学生认识、研究和解决实际问题,将所学知识加以践行。

3. 使用教学媒体时应注意的问题

随着电子信息技术的发展,各种媒体和互联网技术已越来越多地应用于中学思想政治课教学中,并成为教学的重要辅助手段。教师在教学设计时要注意选择合适的媒体,注意将传统教学媒体与现代教学媒体综合运用。

教师在研究将多媒体运用于教学时,要在提高学生的参与性和多媒体的实效性上下功夫，特别要尽量创造条件进行网上的思想政治教与学，带领学生到网上搜集信息资料，去分析问题、解决问题。教师要将多媒体作为辅助工具，要充分发挥教师的主导作用，切勿只依赖多媒体进行教学，甚至被多媒体所束缚，从而本末倒置。

(七)设计教学过程

教学过程是根据教学内容、教学目标和学情，按照激发、感知、理解、运用、巩固、评估等基本过程，进行导入、提问、讲授、合作探究、总结等环节的教学活动设计。这一过程既包括教师活动，也包括学生活动。有两点必须注意：

第一，教学是一个有目的、有计划的复杂过程，应该有合理的程序和步骤。在教学设计时，要考虑好整节课分为几个环节，每个环节要安排什么内容，用什么方法，花多少时间，板书呈现什么内容，提哪些问题，怎样处理重点和难点问题，还要注意各个环节之间应该如何过渡与衔接等问题。

第二，思想政治课程的内容特点决定了教学过程是一个教师引导下的学生自我建构的过程，这一过程具有互动性和动态生成性的特点。中学思想政治教师进行教学过程设计时，应尽可能地加强"内容活动化"或"活动内容化"设计，将体验性、研究性活动设计作为教学内容呈现的基本方式，将学习过程的步骤、程序和策略与核心素养培育有机地结合起来，使学生在动手与动脑、认知与体验有机结合的活动过程中，理解和把握理论知识。

一般来说，教学过程分为三个环节：新课导入—新课讲授—课堂小结。

1. 新课导入

新课导入是一堂课的起始环节，导入的质量直接关系到课堂教学的效果，对开启教学内容和学生心智有着极其重要的作用。

中学思想政治课的新课导入应遵循以下原则：

(1)趣味性原则

教师在设计导入时要重视在"趣"字上下功夫,启发引导,尽可能设计得巧妙、生动活泼、有趣味性,具有强大的吸引力,使学生想学、爱学、学有兴趣、学有收获。

(2)启发性原则

教师在上课开始时就应注意给学生一个适当的想象余地,运用启发性教学来激发学生的思维,鼓励学生去探索,激发和培养他们的自学能力。

(3)实效性原则

导入的目的在于把学生引领到新课中来。导语必须紧扣课题,具有较强的应用价值,切忌东拼西凑,更不能偏离主题。

(4)简洁性原则

导入几乎是每种课型必有的环节,但它不是教学的重点。导入的目的是为教学做好知识的铺垫和心理准备,是为了使学生的思维活动迅速进入最佳的预备状态,故导入环节时间不宜过长,一般不超过5分钟。

(5)科学性原则

科学性原则是指导入的内容要科学、真实、可靠,不要故作神秘、胡编乱造,要与教学内容相联系,要合乎知识的逻辑生成。

(6)新颖性原则

导入的重点应放在迅速激发起学生学习的兴趣,做到新颖、新鲜、新奇(但非不加选择、哗众取宠),从而有效地调动学生学习的积极性与主动性。

(7)目的性原则

无论采用何种导入方式,都应保证设置的问题情境指向教学目标。

(8)思想性原则

导语应做到内容健康、观点正确、语言文明、催人上进,具有较强的思想性,以激发学生的学习动机、兴趣,把学生的学习积极性充分调动起来,使学生具有明确的学习目的、积极的学习动机,这才能真正起到导入的作用。

(9)针对性原则

针对性原则是要求教学要以学习对象为基础,根据学生的年龄特点、心理状态、知识能力、基础差异、兴趣爱好等不同情况来确定导入的内容和形式,满足学生的学习要求。同时,导入还应针对教学实际、教学内容、不同课型,明确课堂教学的主要目的,采取不同的导入方式。

需要说明的是,导入无定法。教师在教学实践中,往往要根据教学的具体内容选择使用合适的导入方法。

2. 新课讲授

这是课堂教学过程的中心环节。教师应通过各种教学方法的综合运用,组织活动,使用教材,实施教学。教师在组织教学时应注意以下几个问题:

一是要更新观念,目的明确;二是课堂活动形式可以多样化,但不能偏离课堂教学主题;三是课堂活动要有逻辑性,体现知识性与思想性的统一;四是教师应做到随机应变;五是教学活动在精不在多;六是教学方法的选择要适合学生情况和教学内容。

3. 课堂小结

课堂小结就是课堂教学的结课和升华问题。所谓结课就是指教师在下课前的几分钟时间里的教学小结活动。课堂小结的方法包括:归纳总结法、首尾呼应法、知识拓展法、练习检测法、设置悬念法、情感升华法等。在课堂小结的基础上,教师往往要进行理论总结和情感升华,以体现思想政治课的思想引导和价值引领作用。

需要注意的是,课堂小结在总结巩固知识的同时,还可以设置练习题或者思考题,为下一节课的学习做好铺垫。布置作业的作用在于使学生进一步巩固、消化和运用新学到的知识,培养学生刻苦学习和独立思考的能力。此外,教师留给学生的练习题或思考题一定要有启发性,不要简单重复课堂内容。作业的形式可以是练习思考题、撰写小论文、进行社会调查、谈谈心得体会，也可以是行为要求作业。

(八)设计教学板书

教学板书是教师根据教学内容和教学目标，运用文字、符号、图表等形式在黑板或其他教学演示工具上呈现的教学提纲或反映学习内容内在联系的知识结构，板书对于学生理解和掌握学习内容、实现教学目标有着极其重要的作用。常用的板书类型包括：提纲式板书、结构式板书、图文式板书等。在设计板书时应力争做到：逻辑清晰，书之有序；针对性强，书之有据；概括性强，书之有度。

中学思想政治教师在课堂上的板书还有正板书和副板书之分。正板书是指教师在钻研教材的基础上，根据教学目标和学生的实际情况，经过精心设计呈现在黑板上的文字、符号、图表等，通常写在黑板中部的突出位置，一般不轻易擦掉。副板书是指教师在教学过程中随讲、随写、随擦的辅助性文字、符号等，一般写在黑板的两边，可以随时擦掉。正副板书相互配合，相得益彰，在教学设计中非常重要，一定要引起足够的重视。

(九)撰写教学反思

教学反思是教师日常教学工作的重要组成部分，也是一线教师教育科研的重要方式，对于教师优化和升华教学经验，促进隐性经验显性化，更新教学理念，提高专业素养，具有十分重要的意义。对普通一线教师而言，反思即教研，是教师专业技能成长过程中不可或缺的一环。

教学反思的内容主要包括：教学任务的完成情况，教学活动中的成功之举、失败之处，教学过程中的灵感和顿悟、学生的反馈意见、同行专家的点评、自己的心得体会与深度思考等。

根据授课与否，教学反思可以分为课前反思和教后反思。一般情况下，所谓的教学反思多指课后反思,在教学设计中留出一定的位置,等到教学活动结束后根据实施情况,对自己课前、课中的教学实践活动再次进行理性的审视和分析,发现问题和提出改进策略。总之,教学反思是提高教师教学水平的重要途径,是中学思想政治教学设计中不应被忽视的环节。

第二节 初中道德与法治教学设计案例

随着《义务教育道德与法治课程标准(2022年版)》的颁布,如何在教学实践中落实新课标的要求,就成为当前和今后一段时间内广大一线教师和教研员所关注的迫切问题。基于新课标的基本精神,结合当前统编教材的主要内容,落实义务教育道德与法治课程标准的要求,是当下比较实际和有效的选择。任何创新都是从模仿开始的。因此,本节课以新课标理念为引导,选取了两篇优秀的道德与法治教学设计案例,希望可以从中汲取经验和智慧,加深对道德与法治课程教学设计的理解和感悟。

一、优秀案例1:"法治让生活更美好"的体验式学习
——"法律为我们护航"教学设计[1]

(一)课标要求

新课标对第四学段的课程内容的要求:"初步认识法治的内涵,理解法治是治国理政的基本方式。"《道德与法治》七年级下册第四单元"走进法治天地"第十课"法律伴我们成长"与新课标要求相关度比较高。我们选择该课的第一框题"法律为我们护航",做出如下设计和教学。

---

[1] 李晓东. 义务教育课程标准课例式解读:道德与法治[M]. 北京:教育科学出版社,2022:99-105. 设计者:刘伟,山东省济南市高新区凤凰路学校教师;点评者:张彩霞,山东省教育科学研究院研究员。

(二)教学过程

1. 环节一：学习导入

教师：每年6月，同学们都要度过一个特殊的节日，一个专属于儿童的节日——六一儿童节。而2021年6月1日更值得我们铭记，你知道为什么吗？

学生：思考交流自己的认识。

活动小结：2021年6月1日，新修订的《中华人民共和国未成年人保护法》正式施行。这部法律规定了对未成年人的特殊保护，有未成年人保护领域的"小宪法"之称。我们为什么需要法律的特殊保护？法律又是如何护佑我们成长的？带着这些问题，我们一起走进第十课第一框题：法律为我们护航。

设计意图：用学生熟悉的六一儿童节作为话题进行切入，易于调动学生思考的积极性；以时政热点为背景展开学习，能引发学生对社会生活的关注，建立学习内容与社会热点的联系，增强教学的时代感和生活气息。

2. 环节二：再现生活，探寻原因

本节课里，"我们"是指未成年人。在小学道德与法治课上我们已经了解到，在我国，未成年人是指未满18周岁的公民。

活动1：演一演生活小剧场

(1)教师活动

提炼学生生活场景，编排情景剧《放学路上》。

内容简介：七年级学生小明的妈妈因担心孩子安全问题，每天上学放学都要接送。今天放学后，妈妈看到小明衣服上有墨迹，一问才知道是他和同学发生口角所致。于是，妈妈开始数落小明练跆拳道只有三分钟热度，结交损友不听劝告……小明一气之下扬长而去。

提出问题：我们为什么需要特殊保护？从剧中母子的言行中，我们能得到怎样的启示？

(2)学生活动

表演情景剧,讨论问题。

(3)活动小结

未成年人身心发育不成熟,自我保护能力弱,辨别是非能力不强,自我控制能力不强,容易受到不良因素影响和不法侵害,因此,我们需要特殊保护。

活动2:算一算人生大舞台

(1)教师活动

请学生计算自己到2035年、2050年时的年龄。在学生计算年龄的过程中,教师依次呈现我国2035年、2050年的发展目标。结合学生的年龄计算和国家发展规划,提出问题:看到国家发展规划,大家是什么心情?通过刚才计算自己的年龄,再看看我国的发展规划,你又想说些什么?

(2)学生活动

交流计算年龄后的心得体会,感受到自己将是建设中国特色社会主义伟大事业的主力军,是国家的建设者,也是成果的享有者。

(3)活动小结

未成年人是中国的未来、民族的希望。如果把眼光放到全人类,未成年人的生存和发展也事关人类的未来。我们的地位如此重要,而我们又因为自身存在的一些特点属于弱势群体,所以,我们需要特殊保护。

设计意图:通过"演一演""算一算"两个活动,引导学生感悟未成年人需要法律特殊保护的原因,从而调动学生参与学习的积极性。活动中既有基于学生生活实际的情景再现、年龄计算,又有国家发展规划的远景呈现,巧妙地将个人成长与国家发展结合起来,学生的民族自豪感、自信心油然而生,对国家有认同、对发展有信心的政治认同也得到了培养。

3. 环节三：观察生活，感受关爱

为了保护未成年人健康成长。我国出台了各种措施，不断完善法律，为未成年人的健康成长保驾护航。

活动1：查一查法律大搜寻

(1)学生活动

课前，学生以小组为单位搜集有关未成年人保护的法律法规。课上，小组交流5分钟，然后全班交流分享自己搜集到的法律名称及其中有关未成年人保护的法律条款。

(2)教师活动

根据学生分享，将相应的法律名称贴到黑板上。在张贴过程中将《宪法》放在显要位置，突出《宪法》是国家根本法的重要地位，将《未成年人保护法》和《预防未成年人犯罪法》单独放置。同时引导学生思考：在搜集法条的过程中，我有何感受？

(3)学生活动

分享自己的感受，体会党和国家对未成年人的无限关爱。

活动小结：目前，我国已经形成较为完备的未成年人保护法律体系。我国《宪法》《民法典》《义务教育法》等法律，都对保护未成年人做出了特别规定；我国还颁布了《未成年人保护法》《预防未成年人犯罪法》等专门法律，给了未成年人专门的关爱。

设计意图：通过课前搜集、课中分享、张贴法律名称等活动，引导学生形象直观地感受保护未成年人的法律条款之多，帮助学生更好地体会国家对未成年人保护的重视以及采取的有力举措，感受法律的关爱。

活动2：辩一辩我来谈平等

(1)教师活动

结合七年级下册第九课"法律面前人人平等"的内容，引导学生思考：未成年人受到法律的特殊保护，是不是违背了"法律面前人人平等"的原则？

（2）学生活动

小组讨论，发表观点。

设计意图：设计有思辨性、有深度的问题，组织学生思考交流，能够帮助学生更深刻地理解法律意义上"平等"的内涵，加深对"公平"的认识。这一问题也与八年级下册的"平等、公平"相关联，为今后的学习做铺垫。

活动3：议一议谁来保护我

（1）教师活动

在刚才提到的众多的法律中，有一部法律特别引人注目，这就是《未成年人保护法》。作为未成年人保护领域的综合性法律，它的修订备受瞩目。播放视频《新修订的未成年人保护法解读》，提出问题：新修订的《未成年人保护法》有哪些变化？你有什么感受？

（2）学生活动

观看视频，思考法律修订前后的变化并表达自己的感受。

（3）活动小结

法律条文从72条增至132条，从原来的家庭、学校、社会、司法四大保护，到新增"网络保护"和"政府保护"成为六大保护，一道保障未成年人合法权益的牢固防线正在形成，一种全社会关心爱护未成年人的有效机制正在建成。

（4）教师活动

引导提问，《未成年人保护法》中六大保护的内容有哪些？

（5）学生活动

结合课前预习完成下页的表格填写，整体了解家庭保护、学校保护、社会保护、网络保护、政府保护、司法保护的主要内容。

(6)教师活动

父母照顾我们的生活起居，学校开设丰富的课程，社会上的爱国主义教育基地向我们免费开放……生活中，我们时时处处受到法律的特殊关爱。请你从这六个方面，选取自己熟悉的角度，交流一下自己感受到的保护和关爱。

(7)学生活动

以小组为单位交流自己感受到的保护和关爱，在小组交流的基础上进行全班分享。

(8)教师活动

结合学生分享及时进行总结，对学生不熟悉的角度(如网络保护、政府保护、司法保护)提供视频、图片等学习资料，帮助学生了解相关内容，让法律条文具体化、生活化，拉近法律与生活的距离。

(9)活动小结

来自家庭的关爱既是浓浓的亲情，也是在践行法律的规定；学校采取各种措施，创设各种条件，促进未成年学生全面发展；社会保护诸多举措，让全社会关心爱护未成年人的行为蔚然成风；网络保护的规定不是要限制未成年人应用互联网，而是提高我们的网络素养，指导我们科学、文明、安全、合理上网；政府保护的规定指导政府各部门开展保护工作，在某些方面为未成年人保护工作兜底；司法保护让我们感受到法律执行过程中的温情关爱。这些法律规定，规范、约束的是全社会，当然，也包括我们，归根结底，是对我们的一种保护。

设计意图：本活动由点到面，在为学生呈现大量有关保护未成年人的法律名称的基础上，聚焦《未成年人保护法》，通过"看视频析变化""读教材知内容""举例子悟关爱"，既联系社会热点、教材内容，又调动学生的生活储备，让学生感受到法律的关爱；特别是在学生举例说明感受到的六方面保护的过程中，综合运用视频、图片等资源，将六大保护的内容进一步具体化，不仅加深学生对《未成年人保护法》的理解，而且有利于增强学生的法治理念和权利意识。

4. 环节四：回归生活，指导践行

(1) 教师活动

有了这些保护，是不是意味着我们就能健康成长了呢？我们应该怎样理解？请大家相互交流一下。

(2) 学生活动

学生在小组内交流自己的想法，然后书写"行动宣言"，分享后粘贴在黑板上。

行动宣言

法律为我们的成长保驾护航。作为未成年人，我要——

设计意图：通过书写、宣读和粘贴"行动宣言"，引导学生反思个人健康成长，不仅需要来自外部的法律保护，也需要自身的努力。用外显的形式展示"行动宣言"，帮助学生时刻规范自己的行为，将法律保护牢记心中。

(3) 课堂小结

法律为我们的成长护航，我们不仅要自觉接受来自各方面的保护，也要学会依法行使自己的权利，尊重和维护他人的权利，学会利用法律维权，撑起法律的保护伞，让我们的人生之船乘风破浪、扬帆远航！

(三) 课后总评

在本节课教学中，教师围绕法治观念这一核心素养，设计了形式多样的教学活动，增强了学生的法治意识、权利观念，对培养祖国未来法治建设的主力军发挥作用。本节课具有以下教学特点：

一是坚持生活化教学，让课堂活起来。以学生的生活为基础，有机融入主题教育内容，是道德与法治课程的基本理念。本节课坚持从生活中来、到生活中去，设计了"重现生活，探寻原因""观察生活，感受关爱""回归生活，指导践行"等,通过学生的真实生活,将法律知识引入鲜活的生活案例,引导学生感受法律对未成年人的特殊关爱和保护,让课堂更接地气。

二是开展体验式学习,让学生动起来。活动体验是道德与法治课程培养学生核心素养的重要途径。本节课充分发挥学生的主体作用,设置了"演一演生活小剧场""算一算人生大舞台""查一查法律大搜寻""辩一辩我来谈平等""议一议谁来保护我"等活动,使得课堂充满活力,引导学生主动探究未成年人需要特殊保护的原因,体会法律对未成年人的关爱,了解六大保护的内容,逐步增强自我保护意识,增强法治观念。

三是强化价值观引领,让效果好起来。本节课设计了系列活动,引导学生感受国家发展与个人成长的关系,探究公民在法律面前一律平等的原则,关注生活中关爱保护未成年人的事例,将爱国、友善、平等、法治等社会主义核心价值观的内容有机融入课堂教学,凸显了教学的方向性和思想性,增强了教学的针对性和实效性。

二、优秀案例2:责任意识培养的议题式教学设计——"服务社会"教学设计及点评[①]

(一)课标要求

新课标在第四学段课程内容的学业要求:"能以积极态度对待自己面对的各种挑战,主动承担自己力所能及的责任,具备服务社会、奉献社会的意识和能力。"本节课的议题式教学,以《道德与法治》八年级上册第三单元"勇担社会责任"第七课"积极奉献社会"的第二框题"服务社会"进行设计与实施。

(二)教学过程

教师:说起服务社会大家应该不陌生吧,本节课我们就一起探讨一个话

---

① 李晓东. 义务教育课程标准课例式解读:道德与法治[M]. 北京:教学科学出版社,2022:146-149. 设计者:倪丽尧(上海市娄山中学);点评者:何宁,上海市教育委员会教学研究室研究员。

题——我们可以怎样更好地服务社会？

1. 环节一：服务社会我分享

议题情境：班级志愿服务活动视频剪辑。

议学活动：小组课前收集、整理成员参加过的志愿服务活动，课堂交流分享，说说收获，聊聊困难。

设计意图：基于社会实践的要求，交流、展示志愿服务活动的成果，并引出实践中的困惑，为下一环节的学习做铺垫。

2. 环节二：服务社会我思考

出示课前问卷调查的结果，引出在志愿服务中大家遇到的问题。

(1)子议题1：参加志愿服务活动对我们的成长有何帮助？

议题情境：开学不久，班长组织同学们于周六上午参加地铁志愿服务活动，但某同学因为数学成绩退步，想周末在家复习。他妈妈也劝他说："多做题能提高成绩，志愿服务活动无所谓。"

议学活动：小组讨论——参加志愿服务活动是学习吗？为什么？

小结：参加志愿活动，具有公共参与的意识和能力，是中国学生发展核心素养及经济合作与发展组织提出的"核心素养"要求。中国学生发展核心素养要求学生既要有文化基础，也要有社会参与，能够热心公益和志愿服务，具有责任担当，在主动参加公益活动和社会实践时，具有改进和创新服务方式的意识。因此，服务社会能够促进学生全面发展。

(2)子议题2：志愿服务只是体验一下吗？

议题情境：某同学参加小区垃圾分类志愿服务时工作非常认真，如有居民没有分好类，他都一一指出。因此，有的居民嫌他多管闲事，说："志愿服务重在体验，需要这么负责吗？"

议学活动：辩论——你觉得该居民的话有道理吗？参加志愿服务是我们初中生的社会责任吗？

小结：对初中生来说，志愿服务不仅是体验，也是承担社会责任的表现。只有承担社会责任，积极贡献社会，才能体现人生价值。在现实生活中，我们每个人都无一例外地享用着社会提供的生活和学习条件，人人都有责任回报社会，为他人和社会提供服务。只有积极为社会做贡献，才能得到人们的尊重和认可，实现我们自身的价值。爱因斯坦说："人只有献身于社会，才能找出那实际上是短暂而有风险的生命的意义。"

(3) 子议题3：怎样提高志愿服务能力？

议题情境：重阳节到了，某同学去学校附近的敬老院联络慰问事宜，院方表示欢迎并希望同学们给老人们表演文艺节目。该同学接下任务后开始犯难：主持稿到底该怎么写呀？节目该怎样编排呢？而且我也不会表演啊……

议学活动：小组讨论——在参加志愿服务的过程中，你们有过不能完成任务的经历吗？请梳理分析一下，问题出在哪里呢？

小结：服务社会需要我们提高履责能力，"善心+善能＝善果"。习近平总书记在纪念五四运动100周年大会上说："在工作中增长才干、练就本领，以真才实学服务人民，以创新创造贡献国家！"

(4) 子议题4：除了参加社区志愿服务，我们还可以通过什么途径服务社会？

议题情境：某同学在社区参加保洁活动很积极，每次都主动参加，但班级中轮到他做值日时，他却以各种理由推辞或草草了事。他认为：个人时间、精力有限，参加了社区的保洁活动，学校的劳动就可以不参加。

议学活动：小组讨论，小组代表发言。你是否同意他的观点？为什么？

小结：着眼身边小事，善行无处不在。服务和奉献社会，需要我们积极参与社会公益活动，需要我们热爱劳动、爱岗敬业。服务社会的形式很多，校内校外、线上线下都可以，但无论哪种形式，都要从实际出发，讲求实际效果。

设计意图：本环节是教学的重难点，基于主议题分别展开了四个子议题。教学中让学生基于生活中的真实问题展开讨论，努力设真疑、解真惑；设计较为复杂的问题情境让学生思考选择，培养学生分析问题、解决问题的能力以及进行价值判断与行为选择的能力。

3. 环节三：服务社会我策划

议题情境：近年来，帮助贫困山区孩子上学，组织山区孩子参观科技馆、博物馆，募集闲置衣物捐给有需要的人，给社区贫困老人和生活困难户送温暖等微公益活动，吸引了越来越多的人参与，汇聚起推动社会文明进步的强大力量。

议学活动：微公益活动虽小，但意义重大。请以小组为单位，制定一份微公益活动策划方案。

设计意图：这是设计巧妙的践行环节。利用真实的情境，让学生自己结合所学内容，开启服务社会的行动，在真实的情境中达成公共参与的目的。

小结：分享马克思中学毕业论文《青年在选择职业时的考虑》，升华学生认知。

设计意图：经典熏陶，提炼升华。

(三)课后总评

本节课根据议题式教学设计的要求，以"服务社会"为议题，从道德与法治课程要培养的学生核心素养出发，创设开放多元的教学情境，提供系列化探究活动及结构化学习任务，体现了任课教师扎实的理论功底和较好的议题设计能力，很有教学新意。本节课体现了以下特点：

一是精准分析学情，优化议题设计。本节课基于课程标准把握教材主旨，以调查问卷的形式开展了充分的学情调查，精准分析了八年级学生参加服务社会的实践活动的现状和需求，找到适合的切入点设置并分解议题，通过具有思辨性和开放性的议题设计，引导学生合理地面对服务社会过程中出现的各种现实问题，促使学生质疑、批判、辨析、联想，使其在探寻议题解决策略的过程中进行有效学习。

二是精选生活情境，助推议题实施。本节课在教学设计时将学生参加志愿服务活动的真实情境穿插于议题式教学的各个环节，此举符合学生的认知规律，有助于学生在与情境的持续互动中理解学科知识，掌握学科技能，综合运用所学知识分析、解释、解决生活中的实际问题。

三是丰富活动体验，推进素养培育。本节课设计了调查、商议、辩论、评析、策划等活动形式，充分发挥学习小组的作用，引导学生围绕议题经历丰富多样的活动体验，在真实问题的分析和解决过程中推进相应知识的学习，促进核心素养的整体提升。

四是强化思辨过程，促进深度学习。教师在推进教学环节的过程中结合学生的思想实际，提供思维判断选择的条件，激起学生的内心价值冲突，以达到优化原有认知结构，提高心理和道德水平的教学效果。尤其是重视优化问题设计，强化问题的指向性、思辨性和开放性，通过"情绪感受，理性辨析，情感升华"的设问梯度，让学生在比较鉴别中发展思维，提高认识，开展深度学习。

第三节　高中思想政治教学设计

《普通高中思想政治课程标准（2017年版2020年修订）》明确指出，中学思想政治课程的实施，要以课程标准为依据，以发展学生思想政治学科核心素养为目标，力求将学业质量标准转化为具体的教学要求，以体现教学与评价的一致性。新课标对高中思想政治课的教学提出以下四点要求：

一是围绕议题，设计活动型学科课程的教学。思想政治课程是综合性、活动型学科课程。其综合性主要体现在内容上，其活动型学科课程的性质则主要体现在教学设计环节上。从这个意义上说，活动型学科课程的教学设计是思想政治课程实施的关键环节。

二是强化辨析，选择积极价值引领的学习路径。中学思想政治课程的教学，必须凸显价值引领的意义，需要用支撑思想政治学科核心素养的基本观点整合、统筹学科知识。教师可通过范例分析，让学生展示观点，在价值冲突中深化理解，在比较、鉴别中提高认识，在探究活动中拓宽视野，引领学生认同、坚信社会主义核心价值观。为此，教师应通过传递积极价值为学习引领方向，教学伊始可以为学生学习提供几个可以讨论和研究的问题，并在学生自主学习过程中给予足够的尊重和恰当的指导、点拨、释疑；当学生的学习活动到一定阶段后，教师应适时对学习活动进行总结、提升、评价、反馈。

三是优化案例，采用情境创设的综合性教学形式。高中思想政治不同于单一学科课程，它涉及经济学、政治学、法学、哲学等学科，具有综合性。这门课程不仅是为了使学生的知识更完备，还是为了满足学生社会化成长的需要。这种独特的综合性课程有其历史文化的渊源和革命传统的基因，是中国特色社会主义教育体系的基本特征，是其他国家课程设置所无法类比的。因此，实施本课程，宜采取综合性教学，既强调学习内容的跨学科性、广泛性，又强调问题指向的复杂性，还强调学习方式的多样化。具体地说，就是引导学生整合相关知识，以案例为载体，凭借相关情境的创设，通过自主、合作、探究等学习方式主动获取综合的知识和视点，发展综合能力，提高综合素质。

四是走出教室，迈入社会实践活动的大课堂。学科内容的教学与社会实践、劳动相结合，是活动型学科课程的显著特点。社会实践活动包括志愿服务、社会调查、专题访谈、参观访问，以及各种职业体验等。校外社会实践活动为教学提供了更广阔的空间、更丰富的资源、更真实的情境，是实施活动型学科课程的社会大课堂。开展社会实践和劳动活动，要从学生的成长需要出发，注重通过乡土资源开发与利用，丰富教学内容，加深学生对社会的认识与理解。

根据上述要求，我们认为，学科核心素养是高中思想政治课程教学的主要目标，而"辨析式议题"与"大概念教学"正是实现这一目标的重要抓手。

一、基于大概念教学的教学设计①

《普通高中课程方案(2017年版2020年修订)》指出："重视以学科大概念为核心，使课程内容结构化，以主题为引领，使课程内容情境化，促进学科核心素养的落实。"该文件首次使用"大概念"统整学科课程内容，那么，如何适应这一变化，是一线中学思想政治教师面对新课标、新教材需要深入思考的问题。

(一) 怎样理解大概念

大概念是当前教学研究的热点。学科大概念并不一定仅指概念，也有学者认为是学科大观念。观念和概念的表达方式不同。概念一般用一个词语表示，比如"科学"；观念的表达一般使用陈述句，是对某种事物的见解、观点，比如"宇宙中所有的物质都是由很小的微粒构成的"。有学者认为："学科大概念可理解为指向学科核心内容和教学核心任务、反映学科本质的、能将学科关键思想和相关内容联系起来的关键的、特殊的概念。"② 余文森称大概念是"一种学科思维方式、学科思想方法；是最有价值的知识，是最能转化为素养的知识"。从这些描述中可以看出，大概念之大，意味着它从学科意义上来说，具有抽象程度高、融通性强、迁移转化等特征，既包括知识内容，又包

---

① 赵敏，陈红. 基于大概念的思想政治课教学设计：以"推进国家治理体系和治理能力现代化"为例[J]. 中学政治教学参考，2020(2)：19.
② 王喜斌. 学科"大概念"的内涵、意义及获取途径[J]. 教学与管理，2018(24)：86.

含学科思维方式、思想方法、价值观念。严格来说，与我们所说的学科核心概念略有差别。学科核心概念是居于学科中心的关键性概念和原理，是学科知识的主干部分，强调其在学科概念体系中的地位，以及与其他具体概念的联系。在核心概念基础上形成知识框架，以及形成体现学科思维方法和育人价值的统一整体，有利于进一步形成大概念。

由上述分析可见，我们这里所谓的大概念具有如下特点：

1. 大概念具有抽象性、概括性

大概念是对具体学科现象的抽象、概括，是通过对不同类事物之间的关系进行归纳，既从每类事物中归纳各类群的特征，又明确不同类群之间的关系，最终归纳出大概念。

2. 大概念具有包容性，其外延更加宽泛

大概念可以是知识本身，也可以是学科内或者学科之间的知识，包括学科的思想、方法，甚至学科教学和学科学习核心任务等，还可以"上挂下联"，是联系者、组织者、搭建者，形成以大概念为统领的链接。这种链接可以是纵向的，不断向知识的纵深发展；也可以是横向的，不断向知识的周边延展。链接形式可以是直接与间接、显性与隐性。

3. 大概念具有迁移性和解释力

大概念聚焦学科的核心观点、思维方法、育人价值。它超越了具体情境、一般概念，可以帮助学生以此为依据透视相关现象、解释相关问题、学习相关知识，是具有较强解释力的概念或者观念，有助于学生实现知识的迁移。

就大概念的作用来说，一般有两点：一是以大概念为中心点，聚焦核心内容，可以避免知识碎片化，促进学生对知识的深刻理解。也就是说，学生在学习中寻找大概念的过程就是寻找知识本质的过程，也是聚焦学科大概念核心内容学习的过程。二是以大概念为支撑点，通过自主探究、自我反思，形成核心素养。学生围绕大概念展开学习，不仅可以超越生活和知识表象，建构知识意义，还可以建立学科思维，领会学科思想和价值精神，最终上升到如何面对自我、社会与自然的哲学观念。这样的教学更加贴近教育的本质。

(二) 怎样确立学科大概念

大概念在学习中的作用越来越重要，怎样确立学科大概念是随之而来的问题。以下试以"推进国家治理体系和治理能力现代化"为例，寻找确立学科大概念的路径。

1. 从国家意志中寻找

《中共中央关于全面深化改革若干重大问题的决定》把"完善和发展中国特色社会主义制度，推进国家治理体系和治理能力现代化"作为全面深化改革的总目标与内容。思想政治课首先要"坚持正确的思想政治方向"，基于国家治理现代化的战略目标的认同与学习，已经成为教学中必须涉及的内容。

2. 基于课程标准及学科意义

新课标对必修3《政治与法治》"学业要求"规定，"通过本模块的学习，学生能够结合社会实践活动……阐释中国特色社会主义政治制度的基本内容、鲜明特点和主要优势"，"懂得走中国特色社会主义政治发展道路，必须坚持党的领导、人民当家作主、依法治国有机统一，理解推进国家治理体系和治理能力现代化的重要性"。基于我国的国情、政情、社情，国家治理是"在中国特色社会主义道路的既定方向上，在中国特色社会主义理论的话语语境和话语系统中，在中国特色社会主义制度的完善和发展的改革意义上，中国共产党领导人民科学、民主、依法有效地治国理政"，能够体现政治学研究的权力与权利关系，由此解释众多中国当前的政治现象，揭示各种治理主体间的关系，是思想政治课教学的新内容，也是当前政治生活的热点。

3. 来自学生社会生活所遇问题

思想政治课是确立正确的政治方向、提高思想政治学科核心素养的关键课程。以后走向社会，成为社会主义建设者和接班人的前提，是认同社会主义制度，具备有序参与国家政治生活和社会公共生活的能力。所以，国家治理对学生当下和未来社会生活都具有重大影响，关乎学生如何参与政治生活。

总之，以国家治理为大概念，符合国家意志、符合课程要求、符合学生生活实际，在教学实践中必须予以落实。

(三)怎样进行基于大概念的教学设计

新课标的基本理念是"要通过议题的引入、引导和讨论，推动教师转变教学方式"，"要通过问题情境的创设和社会实践活动的参与，促进学生转变学习方式"，强调"准确把握思想政治学科核心素养与任务、情境、学科内容之间的关系，是依据学业质量标准测试学科核心素养发展水平的前提"。由此，我们可以归纳出，思想政治学科核心素养的教学要素涵盖议题、任务、情境、内容。

例如，可以"如何推进国家治理体系和治理能力现代化"为议题，以论证"推进国家治理体系和治理能力现代化的必要性"为学习任务，以"当下学生亲身经历抗疫过程中具体体现出来的国家治理"为情境，建构以"国家治理"为大概念的知识体系，用以回答议题，培育思想政治学科核心素养。

1. 凸显"国家治理"大概念的议题设计

新课标指出："议题，既包含学科课程的具体内容，又展示价值判断的基本观点；既具有开放性、引领性，又体现教学重点、针对学习难点。"突出以"议"为形式，以"育"为内容，既要有讨论的空间，又要有正确的价值导向；既让学生开阔思路，又不背离教学要求。

围绕"国家治理"大概念，单元议题可设计为"如何推进国家治理体系与治理能力现代化"，并根据该议题的逻辑，把议题具体分解为三个推进性问题：

①面对疫情，我国的国家治理体系与治理能力体现了哪些优势？

②面对疫情，我国的国家治理体系与治理能力需要迎接哪些挑战？

③面对疫情，我国的国家治理体系与治理能力发展的方向是什么？

议题及其分解的设置意在鼓励学生把"国家治理"大概念还原到具体社会公共生活中,"基于不同经验、运用不同视角、利用不同素材,表达不同见解、提出不同问题解决方案",有条理地思考与议题相关的问题。在此基础上,认同我国的国家治理体系和治理能力的优势,寻找迎接挑战的路径,落实政治认同。

2. 通过创设情境实现知识转换

大概念的生成需要学习者真实的个体生活体验,选择当下学生体验最深的抗疫作为情境,有利于学生生成"国家治理"的社会知识。包含大概念的情境创设要遵循以下原则:

第一,具有丰富、现实和可扩展的解释空间。如何控制疫情蔓延,恰是国家治理体系及治理能力的最具体体现。在我国,打赢抗疫战争需要在党的领导下,协调舆论引导、经济发展、人民生活、法治建设、公民个体等多方面因素,每个方面、每个环节、每项工作都牵动抗疫整体效果。学生亲身经历这个过程,感触良多。

第二,围绕议题,组织富有成效的活动。学生切身体会抗疫过程中国家治理体系呈现的优势和挑战,并在此基础上思考如何继续发挥优势,提升我国的国家治理能力。开放式问题有助于学生深入思考。

第三,充当组织教学内容、贯穿逻辑线索的必要环节,有助于形成"国家治理"大概念。以"如何推进国家治理体系和治理能力现代化"议题为引领,以抗疫情境为具体载体,学生有亲身体验,会提出一系列问题。比如参与抗疫的人或者组织有哪些?他们各自的职责、相互关系是什么?这类问题属于表层思考,还要引导学生进一步追问:抗疫体现出我国国家治理目标是什么?其优势及取得的效果是什么?还需要完善什么?怎样推进国家治理体系和治理能力现代化?由此,学生在亲历抗疫,思考系列问题的过程中,由现象到本质,对"国家治理"大概念有深度理解。

第四，它能有效地支持、服务学科核心素养培育。学生对国家治理体系和治理能力的思考和研究，可以帮助其认识我国的优势和面临的挑战，明确国家治理体系和治理能力现代化的现实意义。同时，通过这个学习环节，帮助学生认同我国的国家制度，认同中国特色社会主义的优越性；通过辩证看待其优势和挑战，既不简单肯定也不简单否定，用科学态度认识我国的国家治理体系和治理能力现代化意义所在；抗疫中如何处理好权力与权利关系的思考，能够帮助学生理解政治学的基本问题，认识我国的国家治理体系和治理能力的价值宗旨，进一步理解依法治国的现实含义；为提升国家治理能力献计献策，实际是让学生积极参与社会生活，提升其公共参与能力，体现责任担当。

3. 以大概念为核心的知识建构

学生通过思考抗疫问题，结合相关学科知识，建立起以"国家治理"为核心、关于国家治理体系和治理能力现代化的知识体系，从而全面、深入地认识抗疫及相关社会现实问题。同时反思我国的国家治理体系和治理能力，理解其现代化的现实意义。

第一，明确国家治理与政府治理、社会治理的关系，国家治理与国家治理体系和治理能力的关系。国家治理体系，是指在党领导下管理国家的制度体系。国家治理能力，即制度执行力，是指运用国家制度管理社会各方面事务的能力。

第二，明确与思想政治课学习相关的知识，围绕"国家治理"大概念，与推进国家治理体系和治理能力现代化的改革目标建立起有机联系。如此，学生的学习才具有结构性，避免碎片化。

当然，以国家治理为大概念建立知识结构，能够深入理解为什么要推进国家治理体系和治理能力现代化，把推进国家治理体系和治理能力现代化作为全面深化改革的总体目标，并能够运用所学知识对抗疫过程中体现的国家治理状况进行评述。而这个过程不是一两节课就能解决的，需要整体设计几个单元的内容，帮助学生完成学习过程。

4. 提供论证工具促进学习任务的完成

在抗疫过程中，各种信息满天飞，哪些信息真实可靠，哪些信息胡编乱造，学生要有判断力。同时，学生在完成学习任务——"以抗疫为例，论证推进国家治理体系和治理能力现代化的必要性"的过程中，还要有科学的论证方法。

科学论证能力是影响公民理性参与公共事件决策的核心能力之一。思想政治学科界定学科任务的类别及影响任务难度的因素中，论证是对学生学业质量水平2的要求。具体到"以抗疫为例，论证推进国家治理体系和治理能力现代化的必要性"议题，学生接受学习任务后，需要通过学习过程完成论证。教师需要进行更为具体的学习环节设计。

第一个学习环节：学生针对代表国家治理中的具体抗疫行为表现，进行信息资料的搜集，思考相关问题：参与抗疫的人或者组织有哪些？他们之间的关系是什么？从具体的抗疫工作中了解国家治理体系的构成。

第二个学习环节：学习国家治理体系与治理能力等学科知识，思考在抗疫中各级政府、基层组织、民间团体等如何形成一个整体，共同抗击疫情，从而形成论证根据。

第三个学习环节：搜集中外对抗疫所持的不同观点，进行分析、反驳。

第四个学习环节：从恢复国家经济发展、提高医疗水平、快速生产和调配医疗物资、保障人民的基本生活等多方面对抗疫进行思考，引导学生意识到我国国家治理体系的独特性，并对国家治理能力面临的考验有初步的认识，形成对其现代化的深入思考，进一步明确"推进国家治理体系和治理能力现代化的必要性"的主张。

学生通过现实情境，进行自主合作探究，以问题为指引，通过质疑、追问、反思，在了解、认识、理解国家治理主体多元、治理体系和治理能力的基础上，既能够达成对我国国家治理体系优越性的认同，又能够意识到国家治理体系和治理能力还需要接受许多挑战，有迎接挑战的责任意识。最终形成对"国家治理"大概念的全面理解。

这里的全面理解包括学生在学习过程中要明确什么是国家治理及其与政府治理、社会治理的关系如何？为什么我国的国家治理体系是这样的？在抗疫过程中，如何评价我国的国家治理能力？为什么要提出现代化问题？我国的国家治理体系和治理能力哪里还不够现代化？如何实现国家治理体系和治理能力的现代化？学生明确国家治理体系和治理能力的概念后，结合具体社会生活，如抗疫中国家治理体系与治理能力的具体表现，将理论与现实有机结合。学会这种思考模式，促进自身理性思考问题能力的提高。

教师要始终关注学生整个学习过程，通过对话、引导等手段帮助学生提出有效问题。不能用教师的思维限制学生的思维，也不能用教师的结论取代学生的结论。帮助学生关注生活、不断思考、不断质疑，借助学科知识对现实生活进行科学分析，达成理解与认同，并形成有效参与社会生活的责任感。

总之，确立了这个单元的学习目标后，就要设计议题，让学生通过"议"，实现学科内容的学习与落实，获得相关的学科思维方法，并在此基础上实现价值层面的提升，培育学生的学科核心素养。在这个过程中，教师始终是一位引导者，而不是参与者，更不是实施者。教师在这个过程中关注的是学生的成长，而不仅仅是达标。

二、例谈辨析式议题的教学设计[①]

新版普通高中思想政治课程标准提出，高中思想政治课应"围绕议题，设

[①] 白贤．例谈思想政治课教学的议题设计[J]．中学政治教学参考，2022(15)：52-54．该教学设计获得陕西省教育学会第十六次教科研论文成果交流一等奖。

计活动型学科课程的教学"。教学设计能否反映活动型学科课程实施的思路，"关键在于确定开展活动的议题"。可见，议题式教学已经成为实施高中思想政治教学的重要途径和手段，其对优化课堂教学效果、达成"三维一体"的教学目标至关重要。但目前就议题式教学法在高中思想政治教学中的实际运用而言，恐怕未必尽如人意。正如有学者指出，作为思想政治课程教学的议题，既要体现出知识教学与价值引领的高度统一，落实立德树人的根本任务，[①] 还应该体现学理逻辑与实践的统一，培养学生深度学习的能力。[②] 而这些目标的达成，无疑需要任课教师以问题意识为导向，在教学中设计出富有针对性、科学性、启发性的辨析式议题。

基于这样的认识，我们在新课标理念的指导下，对新版高中《思想政治》必修4《哲学与文化》中的"正确认识中华传统文化"一课进行辨析式议题的设计。本课是科学把握"文化传承与文化创新"的关键环节，但对于很多学生而言，却存在不少认识上的误区。针对这一学情，以新课标中的"如何推动中华优秀传统文化创造性转化、创新性发展"为总议题，依次设计了"如何认识传统文化中的'民族性'和'世界性'""如何区分传统文化中的'精华'和'糟粕'""如何看待文化现象中的'传统'和'现代'"等分议题，以培养学生的思想政治学科核心素养，树立顺应新时代中国特色社会主义发展的科学文化价值观。

（一）总议题：如何推动中华优秀传统文化创造性转化、创新性发展

中国是一个有着五千年悠久历史的文明古国，曾经创造了举世瞩目、灿烂辉煌的中华传统文化。但我们必须明确：高中思想政治课毕竟不同于历史课或文化课，其学科属性决定了思想政治课的教学目标在于对学生的道德规范与价值引领。新课标对这一课做了明确要求：教师要引导学生懂得"辩证地看待传统文化"，建议通过"如何推动中华优秀传统文化创造性转化、创新性

[①] 沈雪春. 显性与隐性相统一的议题式教学双重架构模式探析[J]. 中小学德育，2021（2）：57.
[②] 刘乐. 指向深度学习的思想政治课议题式教学[J]. 基础教育课程，2021（2）：65.

发展"的议题，引导学生树立"探究对待传统文化的正确态度"①。然而在以往的教学中，许多教师在讲述本课时，往往会将重心放在对中华优秀传统文化本身的叙述上——尤其将大量心血用于挖掘本地的优秀文化资源上，这虽有益于学生的知识获取和兴趣培养，却在很大程度上背离了思想政治教育的本质和初衷。但正如新课标所示，本节课教学的重点不在告诉学生传统文化是什么，而是教会如何科学、辩证、客观地看待传统文化。归根到底，是帮助学生确立正确的传统文化价值观。

在这个意义上，选择"如何推动中华优秀传统文化创造性转化、创新性发展"作为总议题无疑是切中要害的。当然，学生在讨论如何推动中华优秀传统文化创造性转化、创新性发展时，首先要知道传统文化是什么，也就是初步了解中华传统文化的主要内容及特点。关于这一点，教师可以充分利用多媒体技术，并结合地方的传统文化资源加以适当补充。需要说明的是，教师对中华传统文化的介绍要尽可能全面，要尽可能渗透辩证思维和科学精神于其中，否则所谓的议题探讨便失去了大半的意义。教师只需在较为全面地呈现传统文化的基础上，再加以合理引导，学生便很容易得出较为一致的认识：中华传统文化既是财富，也是包袱。其中，中华传统文化中优秀的部分是今人的宝贵财富，腐朽落后的部分(如"重男轻女""等级观念""愚孝愚忠"等)则是历史包袱。在这一共识的基础上，教师可以加以总结：传统文化究竟是"财富"还是"包袱"，在很大程度上取决于后人的取舍。而这种取舍的前提是：如何科学地认识传统文化。

(二)分议题1：如何认识传统文化中的"民族性"与"世界性"

学生在认识中华传统文化时往往存在两大误区。一种误区表现在，很多

---

① 中华人民共和国教育部. 普通高中思想政治课程标准：2017年版2020年修订[S]. 北京：人民教育出版社，2020：22.

学生认为中华优秀传统文化主要是由汉族创造的，其他少数民族的贡献较少（甚至具有破坏性），也就是所谓的"汉族文化中心论"。另一种误区表现为，虽然承认中华传统文化是由中华各民族共同创造的，但认为这种文化从古至今都自成一体，几乎没有受到任何外来文化的影响，这就是所谓的"中华文化独创论"。这两种认识无疑都是片面的、有害的。如果对中华文化的形成和发展稍做考察，就可以发现：一方面，中华传统文化是由汉族和其他各少数民族共同创造和发展的，每一个民族都对中华文化的发展做出了独特的、无可替代的贡献；另一方面，中华民族作为一个海纳百川、虚怀若谷的伟大民族，对优秀外来文化从来都是采取兼收并蓄、兼容并包的态度。正是这种开放、包容的民族性格和文化态度，才造就了辉煌灿烂的中华优秀传统文化，也是中华民族历经劫难而涅槃重生的重要原因之一。

对于这一点，思想政治教材中明确指出："中华文化是我国各民族在交流、碰撞、交锋中发展起来的，也是在与世界各国文化的交流、碰撞、交锋中发展起来的。一方面，各民族文化相互交融、相互促进、共同熔铸了灿烂的中华文化，成为中华民族独特的精神标识；另一方面，中华文化注重吸收和借鉴外来文化的有益成果，不断增强其包容性，促进了自身的发展。"这段关于中华传统文化包容性的经典表述，无疑是十分恰当且准确的。我们设计"如何认识传统文化中的'民族性'与'世界性'"这一议题，显然是为了引导学生以"民族性"和"世界性"为切入点，培育其对中华传统文化的深度学习和思考的能力。就文化价值观而言，开放、包容、多元、自信，理应是新时代中学生该有的一种文化心态和价值取向，这也是思想政治学科核心素养中科学精神的突出体现。相信通过这一议题的探讨，学生可以具备良好的文化心态，从而对古今中外的文化遗产抱有一种温和、理性、开放、包容的态度，从而为进一步探讨传统文化中的精华和糟粕问题打下基础。

(三)分议题 2：如何区分传统文化中的"精华"和"糟粕"

我国当下进入了中国特色社会主义新时代，这意味着我们距离近代以来中华儿女孜孜以求的伟大民族复兴已为期不远。在一定意义上，中华民族的伟大复兴归根到底是中华文化的复兴。因为一个民族崛起的前提，必然是建立在对自身传统文化的高度认同之上。习近平总书记指出："当代中国是历史中国的延续和发展，当代中国思想文化也是中国传统思想文化的传承和升华，要认识今天的中国、今天的中国人，就要深入了解中国的文化血脉，准确把握滋养中国人的文化土壤。"[①]由于传统文化产生于阶级社会，不可避免地带有某些历史和时代局限，因此在讲述传统文化的继承和发展时，我们面临的首要问题是如何正确区分传统文化中的"精华"和"糟粕"？或者说，区分"精华"和"糟粕"的基本依据是什么？这个问题非常关键，却往往会被很多教师和学生所忽视。我们通常发现，尽管很多学生对"取其精华、去其糟粕"的说法烂熟于胸，却并不清楚其真正的含义，更谈不上如何科学继承和弘扬。

基于此，我们设计了"如何区分传统文化中的'精华'和'糟粕'"这一议题。其实，关于如何区分传统文化中的精华和糟粕，毛泽东早有明确的阐释。他指出，对于中华传统文化，要"剔除其封建性的糟粕，吸收其民主性的精华"，并认为这是发展民族新文化、提高民族自信心的"必要条件"。从中不难看出，"封建性""民主性"，是衡量传统文化中的糟粕抑或精华的基本依据。显然，我们需要舍弃传统文化中带有封建性的内容，继承其中带有民主性因子的部分。但在实际生活中，封建性和民主性往往纠缠在一起，需要做一分为二的辩证分析。如社会上炒得沸沸扬扬的"汉服"事件，我们的看法是：穿衣服是人的自由，问题的本质不在于穿什么，而在于不能穿什么。前者反映的是民主社会的自主选择，后者反映的是等级社会的权力垄断。又如，对于

---

① 习近平. 在纪念孔子诞辰 2565 周年国际学术研讨会暨国际儒学联合会第五届会员大会开幕会上的讲话[N]. 人民日报，2014-9-25.

传统文化中的礼仪文化，如果能体现平等、和谐，就属于"精华"；如果违背了自由、平等等社会主义核心价值观，就属于糟粕。同样，关于"孝道"文化，如果是发自内心的"亲情之爱"，当然属于美德；如果只讲"顺从""服从"而不论"是非""人格"，就属于糟粕。基于这些认识，教师可以做出小结：在中国特色社会主义新时代，所谓"取其精华"，就是吸收并发扬传统文化中符合现代民主和价值理念的内容；所谓"去其糟粕"，就是坚决剔除其中带有封建性残余的种种不良因素。只有这样，才能为实现中华民族的伟大复兴奠基坚实的优秀文化根基。

（四）分议题3：如何看待文化因素中的"传统"和"现代"

很多学生将"传统"与"现代"理解为时间上的概念，朴素地认为产生于古代社会的文化一定是传统的，产生于当代社会的文化一定是现代的。这其实是一个很大的误解。显而易见，时间的早晚不能成为我们判断文化现代与否的依据。如孔子在两千多年前提出的"有教无类""因材施教""仁者爱人"并没有过时，"己所不欲，勿施于人"甚至被认为是处理当代国际关系的"黄金法则"。马克思主义诞生于近两百年前的西方资本主义，但在21世纪的今天依然具有无比强大的生命力。可以看出，传统和现代的区分表面来看是时间上的差异，实际上更是源自观念上的差别。换句话说，传统文化如果能符合现代人的价值观念，也可以很现代；反过来讲，如果一个现代人满脑子都是"封建残余"，实际上也会很传统。

有鉴于此，我们设计了"如何看待文化因素中的'传统'和'现代'"这一议题。在经过学生的热议之后，我们可以告诉学生：对于处在中国特色社会主义新时代的中国人来说，判断当下形形色色的文化是传统还是现代的重要依据，就是社会主义核心价值观。此外，学生在讨论中很容易发现，所谓传统与现代实际上是很难截然分开的。这是因为：每个人都是传统的产物，不可避免地带有传统文化的基因，而传统和现代实际上是一个相对的概念，我们今天视为现代的文化也终将成为传统文化的一部分。随着时代的发展，人们对传统与现代的观念，也会发生相应的改变甚至发生相互转换。比如，过去被认为很传统的东西，会突然间变得现代起来；而很多看似现代的东西，其实往往是传统事物的改头换面而已。不仅如此，人永远不可能摆脱传统，而是在既定的文化背景下，在与传统文化的不懈对话中创造新的传统。

总之，通过以上议题的讨论，可以让学生充分享受到思辨的乐趣和传统文化的魅力。在此意义上，本议题的讨论更具有超越时代的价值，可谓对培养学生的辩证思维和科学精神大有裨益。

(五)议题小结：价值引领与情感升华

议题讨论到这里，传统文化究竟是财富还是包袱的问题已经基本得到了解决，但作为思想政治课程的教学目标，显然不能到此为止。教师有必要在学生完成以上所有议题探讨的基础上，加以规范性地总结和纠偏，以发挥教师在教学中的主导作用。也就是说，作为思想政治课的教师，其教学活动必须以思想政治课的立德树人为旨归，在知识学习的基础上做进一步的价值引领和情感升华，这也是思想政治课的灵魂所在。

具体到本节课的学习，我们有必要告诉学生：中华优秀传统文化从未远离，始终以多种方式、多种渠道，全面而持久地滋润着中国人的心灵。作为民族灵魂的中华优秀传统文化，是中华民族维系团结、凝聚人心的思想基础和精神纽带。文化的传承说到底是一种民族精神的延续，所谓继承和发展中华优秀传统文化，从根本上说，就是要吸收和弘扬中华优秀传统文化中所蕴含的民族精神。正是这种民族精神，深刻影响和塑造着中国人的审美情趣和文化心态，历经数千年历史积淀而长盛不衰、历久弥新，沟通着中国古人和今人的心灵世界。只有明确了这一点，才算得上真正理解了中华优秀传统文化的价值所在。这也是我们当下该有的文化价值观。

最后，需要说明的是，教学活动是一个师生互动、动态生成、充满变数的复杂过程，这里所设计的几个辨析式议题只是一些不太成熟的思路和理念，在具体教学实践中，还需要根据实际情况做进一步的规范和调整。总之，希望通过这种尝试，能够打造一种以问题为导向，以议题为抓手，以学生为主体，以核心素养为目标，以价值引领为宗旨的中学思想政治课教学模式。

三、优秀案例：综合探究课的教学设计

必修1《中国特色社会主义》综合探究二
"方向决定道路 道路决定命运"教学设计[①]

（一）教学目标

第一，回顾中国共产党带领中国人民革命、建设和改革的奋斗历程，理解坚持和发展中国特色社会主义是实现中华民族伟大复兴中国梦的必由之路。

第二，搜集中国成就的相关资料，探究成就背后的经验，坚定中国特色社会主义道路自信、理论自信、制度自信、文化自信。

第三，展望富强民主文明和谐美丽的社会主义现代化强国目标，坚定中国特色社会主义共同理想，树立共产主义远大理想。

（二）教学重难点

1. 教学重点

（1）新中国成立以来我国所取得的成就。

（2）为什么坚持走中国特色社会主义道路？

（3）中国何以自信？

2. 教学难点

（1）为什么坚持走中国特色社会主义道路？

（2）中国何以自信？

[①] 网址：https://www.gaozhong360.com/26913.html.

(三) 教学过程

总议题：中国为什么能？

分议题：

聚焦中国成就：一是从站起来、富起来到强起来；二是点赞中国道路：科学社会主义的强大生机活力；三是贡献中国智慧、中国方案；四是坚定自信，实现中国梦。

1. 议题1 聚焦中国成就：从站起来、富起来到强起来

(1) 议题情境：孙中山的"梦想"

孙中山《建国方略》，描绘了国家建设的宏伟蓝图。

一是建设"十万英里"铁路、"一百万英里"公路。二是建立北、东、南3个世界级大港。分别在渤海湾、杭州湾/上海、广州3个地方建设华北、华东、华南3个港口。三是采取"开放包容"政策，利用外资和技术发展中国实业。四是希望百姓都怀有"替众人来服务"的理念，责任感强、无私无畏。

思考：孙中山所描绘的宏伟蓝图在当时实现了没有？为什么？

教师提示：为什么无法取得成功？

本质上——孙中山提出的建设计划无法实现，本质上说明了以辛亥革命为代表的旧民主主义革命已经陷入绝境，中国民族资产阶级无法领导中国革命取得胜利。

根本上——在半殖民地半封建的旧中国，资本主义道路是行不通的。

主观上——领导者资产阶级革命派本身存在很多弱点和错误，民族资产阶级存在软弱性和妥协性。如：不能充分发动和依靠群众等。

(2) 议题情境：新中国成立以来我国所取得的成就

展示图文：

第一，"两弹一星"；神舟飞船；杂交水稻；"天河二号"超级计算机；"墨子号"量子科学实验卫星；港珠澳大桥。

第二，建立全面物质生产体系；国际地位持续不断提高；全面融入世界经济体系；经济发展水平不断提高；人民生活水平显著改善；教育发展取得长足进步；国民预期寿命明显提高；人民生活更加丰富多彩。

教师提问：今天的中国为什么能实现孙中山提出的建设蓝图？

党的领导——党的领导是中国特色社会主义制度的最大优势，也是中国特色社会主义最本质的特征。

道路——开辟了中国特色社会主义道路。

理论——形成了中国特色社会主义理论体系。

制度——确立了中国特色社会主义制度。

文化——发展了中国特色社会主义文化。

人民——全国各族人民的顽强奋斗。

2. 议题2　点赞中国道路：科学社会主义的强大生机活力

议题情境："中国崩溃论"

东欧剧变、苏联解体以后，唱衰中国的舆论在国际上不绝于耳，各式各样的"中国崩溃论"从来没有中断过。但是，中国非但没有崩溃，反而综合国力与日俱增，人民生活水平不断提高。

思考：面对"中国崩溃论""历史终结论"，我国是如何面对的？

教师提示：

我国的应对及其取得的效果——面对世界社会主义遭受重大挫折的严峻形势，中国成功开辟了中国特色社会主义道路，取得了举世瞩目的巨大成就，极大地推进了科学社会主义在当代世界新的历史条件下的发展进步，显示出21世纪科学社会主义的强大生命力。

为什么坚持走中国特色社会主义道路？

历史依据——是历史的选择、人民的选择。

现实依据——符合我国国情，顺应时代潮流。

未来依据——坚持走中国特色社会主义政治发展道路前途光明、前景广阔，在国际上也得到越来越多的认同。

3. 议题3　贡献中国智慧、中国方案

议题情境：中国智慧、中国方案

播放视频1：命运与共，合作共赢：中国方案助力乌干达油田产业升级（2022年10月3日）

把脉世界经济发展——"四剂药方"：加强政策沟通；推动改革创新；构建开放型世界经济；落实2030年可持续发展议程。

助力国际减贫进程——"四个着力"：着力加快全球减贫进程；着力加强减贫发展合作；着力实现多元自主可持续发展；着力改善国际发展环境。

推动全球气候治理——提出"公平、合理、有效"的全球应对气候变化解决方案，探索"人类可持续"的发展路径和治理模式。

一带一路——创造了开放性的国际合作平台，打造利益共同体、命运共同体和责任共同体，进而促进经济一体化，增强经济新的增长动力和全球经济可持续发展。

人类命运共同体——人类命运共同体这一全球价值观包含相互依存的国际权力观、共同利益观、可持续发展观和全球治理观。

思考：中国智慧、中国方案的世界意义是什么？中国有哪些成功经验具有世界意义？

教师提示：

全球治理——为全球治理提供智慧，秉持共商共建共享理念，各国携手建设相互尊重、公平正义、合作共赢的新型国际关系，共同构建人类命运共同体。

政治文明——为国际政治文明进步带来机遇，高举和平、发展、合作、共赢等价值观，尊重各国人民自主选择发展道路的权利，维护国际公平正义。

共同发展——为各国共同发展提供新动力，相互尊重、平等协商，坚决摒弃冷战思维和强权政治，走对话而不对抗、结伴而不结盟的国与国交往新路。

小结：中国道路对其他国家尤其是发展中国家的启示

第一，中国在发展中既有长期规划，又有实施规划的具体举措。

第二，发展社会主义市场经济。把看不见的手(市场调节)和看得见的手(宏观调控)结合起来。

第三，既搞活致富，又扶贫脱贫。

第四，把改革、发展与稳定有机统一。把改革、发展与稳定结合起来，把改革的力度、发展的速度和人民群众可以承受的程度有机统一起来，这种经验举世无双。

第五，把选举民主和协商民主两种形式结合起来。协商制度，不管谁当干部，在重大决策之前都要经过协商。我们的协商有政党协商、人大协商、政府协商、政协协商、人民团体协商、基层社会协商及社会组织协商。

4. 议题4　坚定自信，实现中国梦

议题情境：中国何以自信？

播放视频2：英籍专家弗格森：我看到中国制度自信的原因(2022年9月27日)

议题情境：抗击疫情体现出来的中国自信、中国力量

展示图文：武汉火神山医院等

教师提示：中国何以自信？

中国理论何以自信——中国理论之所以自信，不但基于自身的科学性、时代性，更基于改革开放以来我国经济社会发展取得的巨大成就。

中国文化何以自信——中华文化经过历史长河的洗涤、峥嵘岁月的磨砺、伟大实践的锻造，是最有韧劲、最具内涵、最富生机的文化，是凝聚亿万人

民为中国发展不懈奋斗的精神力量。在人类文明的浩瀚星空中，中华文化是最有理由充满自信的文化。

中国道路何以自信——中国道路是实现中华民族伟大复兴的正确道路。它是在改革开放40多年的伟大实践中走出来的，是在中华人民共和国成立70多年的持续探索中走出来的，是在对近代以来180多年中华民族发展历程的深刻总结中走出来的，是在对中华民族5000多年悠久文明的传承中走出来的，具有深厚的历史渊源和广泛的现实基础。

中国制度何以自信——中国特色社会主义制度之所以自信，在于它具有独特优势，具有活力潜力，适应我国国情和发展要求，具有显著制度优势，获得社会广泛认可，有着强大的自我完善和发展能力，是人民当家作主和中国发展进步的根本制度保障。

展望：2035年的中国会是什么样？

教师提示：

现代化——第一个十五年，从2020年到2035年，基本实现社会主义现代化。第二个十五年，从2035年到21世纪中叶，建成社会主义现代化强国。

经济总量和城乡居民人均收入将再迈上新的大台阶，关键核心技术实现重大突破，进入创新型国家前列。

现代经济体系基本实现新型工业化、信息化、城镇化、农业现代化，建成现代经济体系。

生态环境——在环境质量改善方面，到2035年，碳排放达峰后稳中有降，我国生态环境根本好转。

科技创新——我国稳居创新型国家前列，科技创新对经济发展的贡献率在70%以上，研发投入占GDP的比重超过2.8%，技术对外依存度低于20%。我国将进入知识经济时代，创新动能将加速形成，加速助推新经济、新业态发展，智能与制造加速整合，高效率的创新体系支撑高水平的产业发展。

制造业——制造业整体将达到世界制造强国阵营中等水平。

教师提问：作为青年学生，在实现中华民族伟大复兴中国梦的征程中，应该怎么做？

理想——志存高远，勇攀高峰。坚定中国特色社会主义共同理想，树立共产主义远大理想。

信仰——热爱祖国，坚定信仰。坚定对马克思主义的信仰，对中国特色社会主义的信仰。

勤奋——勤奋学习，自强不息。

创新——积极实践，勇于创新。

守法——严于律己，遵纪守法。

教师小结，情感升华。

（四）课堂小结

新时代，去奋斗！

播放视频3：《新时代：去奋斗！》

【思考题】

1. 中学思想政治课程教学设计的步骤和环节有哪些？

2. 根据新课程理念，运用议题式教学法，完成一节初中道德与法治课的教学设计。

3. 根据新课程理念，运用大概念教学的方法，完成一节高中思想政治课的教学设计。

第五章
中学思想政治课程资源

中学思想政治课是一门具有时代特色的课程,但受教材编写时间和篇幅的限制,其课程内容尤其是数据、例证等往往滞后于社会发展,这在一定程度上影响了思想政治课教学的可信度和有效度。因此,思想政治教师在教学中不能仅仅局限于教科书,而是要树立"大教材观",通过科学的原则和方法,积极开发中学思想政治教学中的课程资源。

第一节 中学思想政治课程资源的特点及开发原则

关于课程资源的概念,学者认为有广义和狭义之分。广义的课程资源是指"课程设计、编制、实施和评价等整个课程发展过程中可资利用的一切人力、物力以及自然资源的总和",狭义的课程资源仅指"形成课程的直接因素来源",我们本章所说的课程资源是广义上的概念。按照《义务教育道德与法治课程标准(2022年版)》的说法,课程资源是提高教学质量和增强教学效果的重要支撑,包括图书、音像资料、数字化资源,以及现实生活中鲜活的案例。

一、中学思想政治课程资源的特点

在新课程理念下，中学思想政治的课程资源具有德智共生性、时代性、多样性、开放性、发展性、交叉性等特点。

(一)德智共生性

所谓德智共生性，是指思想政治课是以公民思想道德素质教育为核心的，但不是单纯的德育课程，而是人文社会科学常识教育和思想道德教育兼容的社会主义公民素质教育课，有对学生进行马克思主义基本常识、社会科学基本知识、社会生活基本规范等方面的理论教育意义。

(二)时代性

所谓时代性，是指从本质来看，思想政治学科归根到底是为了培养有理想、有道德、有文化、有纪律、德智体美劳全面发展的社会主义建设者和接班人。因为思想政治课程具有鲜明的社会历史性和时代性，思想政治学科课程资源也必然具有这样的特点。

(三)多样性

所谓多样性，是指思想政治课程要求学生在宽广的社会背景下学习思想政治学科知识，发展学科核心素养。要想提高思想道德素质，课程资源绝不能仅仅局限于思想政治教材，也不能仅仅限于学校内部，而是涉及学生学习与生活环境中的所有有利于思想政治课程实施、有利于达到思想政治课程目标的资源。

(四)开放性

所谓开放性，是指思想政治课程资源的内容丰富，具有开放性的特点。社会生活中蕴藏着十分丰富的课程资源，对它们的使用时间没有特别的限制。教师和学生都可以通过探究活动、参与活动、体验活动来主动获取和利用课程资源，进行思想政治课程的学习探讨，实现资源共享。

(五)发展性

所谓发展性，是指思想政治课程资源是随着人类社会的进步，不断发展和日益丰富的。思想政治课程资源不是静止的、不变的，随着社会的发展，学校思想政治教育的不断拓展，思想政治课程也得以延展，也就使更多的资源可以成为思想政治课程资源的一部分。

(六)交叉性

所谓交叉性，是指思想政治课程资源与其他的课程资源之间存在着交叉与互补的关系，可以相互为对方学科的教学提供特定的服务，可以互相利用。思想政治教师在其他学科中也可挖掘出思想政治课程的有效资源，以解决思想政治课程教学的问题。从"课程思政"的角度看，更是如此。

二、中学思想政治课程资源的开发原则

课程资源是提高教学质量和增强教学效果的重要支撑，搜集和利用教学资源，是中学思想政治课教师必须具备的教学能力。但思想政治作为一门意识形态极强的课程，教师对于课程资源的开发，必须遵循一定的原则。

(一)目的性原则

思想政治学科课程资源的开发与利用必须以课程的教学目标为导向，结合学情和内容特征进行开发与利用。尽管学科课程资源的范围非常广泛，但只有那些具有教育价值、作用于学生的全面发展的课程资源，才值得开发与利用。因此，在实际的开发过程中，教师必须着眼于学生的全面发展，以学生的特征和需要为主要依据，以政治认同、科学精神、法治意识、公共参与为目标，了解学情和现在可以利用的资源，如本地区的历史传统、民风民俗、自然景观、建设成就、英雄人物与事迹等，对此逐一进行判断、甄别、筛选

和利用。

(二)综合性原则

所谓综合性原则,是指思想政治课程资源的开发与利用要综合考虑各种相关因素,要将教育目的、社会要求、学科性质、学生发展、学校特色等内容纳入开发与利用的全过程。从宏观角度来看,本学科的国家课程、地方课程和校本课程应该按照统一精神一以贯之,彼此相互配合、各司其职。而学科课程资源的开发与利用也应着眼于这一课程体系,从共性和个性的统一中发掘课程资源的生命力和闪光点,那些始终贯彻素质教育要求,最能体现地区和学校特色,最为符合特定班级、学生个性特征和发展现状并促进其德智体美劳全面发展的课程资源,是本学科课程资源开发与利用的最佳选择。

(三)实践性原则

实践性原则是指思想政治学科在实施过程中主导教学方式和学习方式的基本原则,对课程的实施起着支配作用。思想政治学科的教学内容和价值取向、学生思想政治品德发展及其教育过程,本身就具有极强的实践性,只有通过实践,才能使被束之高阁的学科相关理论从空想变为现实,使之不断地被检验和修正,从而得到进一步的发展,才能使教师在教学过程中发现最为适合的教学方式,才能使学生在各种活动和情境中感受生活、思索问题,从而将本学科真正地融入他们各自的生命体验和学习过程中,促进其探究性学习和实践能力的培养。

(四)差异性原则

所谓差异性原则,是指思想政治课程资源的开发与利用应从地区、学校、教师以及学生的实际出发,在具有差异性的课程资源中进行判断、甄别和筛选,真正体现以人为本的原则,做到因地制宜、因时制宜、因人制宜。不同的国家、不同的地区、不同的学校、不同的教师、不同的学生,以及不同条件下的同一学校、教师和学生也具有较大的差异性。因此，教师在对思想政治课程资源进行开发与利用时，必须坚持一切从实际出发、实事求是，从地区的自然风貌与人文风貌、学校的历史传统和办学特色、教师的学习经验和教学风格、学生的发展现状和生活经验中，开发可能的课程资源，最终推动学生的成长和可持续发展，突出其个性和创造性。

(五)经济性原则

所谓经济性原则，是指在思想政治课程资源的开发与利用中，教师必须注重效率，尽可能用最少的开支和精力，达到最理想的效果。经济性原则具体包括开支的经济性、时间的经济性、空间的经济性和学习的经济性。

(六)时代性原则

所谓时代性原则，是指开发利用思想政治课程资源时要体现时代精神，坚持马克思主义基本观点教育与把握时代特征相结合。时代性具有多方面特点，如我们经常说的知识经济时代、信息化时代、全球化时代、可持续发展时代、个性化时代等。以个性化时代为例，我们现在所处的时代是个性追求与个性彰显的时代，是对代表工业文明成就的标准化、一统化、模式化等逆反的时代，创新已经成为提高社会生产力的关键因素，创新精神成为人才培养的基本要求。不断激发人的创造潜能，培养人的创新精神，就必须以尊重人的个性发展为前提。现代思想政治课程资源的开发利用应体现以上这些要求。

(七)优先性原则

所谓优先性原则，是指要根据一定的标准和要求，优先开发和利用某些课程资源。新课标为我们开发教学资源提供了广阔的空间，除了依托教材，发掘学生、教师等资源外，我们还可以广泛地开发其他课程资源。对课程资源的优选，一般要注意以下几点：一是围绕目标，选择有利于学生知识与技能、过程与方法、情感态度与价值观发展的内容，选择有利于培养学生思想政治课学习兴趣的内容，选择对学生生活有利、对学生终身发展有用的内容。二是考虑成本，要尽可能用最少的投入，达到最理想的效果，提高课程资源的利用效益。三是坚持特色。课程资源的开发与利用要从班级、学校和社区的实际情况出发，发挥地域优势，强化学校特色，突出学科特性，展示教师风格，做到因地制宜、因时制宜和因人制宜。

(八) 主体性原则

主体性原则是指要尊重学生的主体地位，尽量要让学生积极参与课程资源的开发与利用。学生是学习的主体，教师在教学中要充分发挥学生的积极性、主动性和创造性。同样，在课程资源的开发和利用中，教师要充分相信学生，正确引导，积极鼓励，竭力帮助学生收集整理、挖掘开发好课程资源。学生参与开发和利用的课程资源，会更适合学生的特点和需求，会增强他们参与学习活动的兴趣，从而提高教学效果。

第二节 中学思想政治课程资源开发途径

思想政治课教学要让学生深刻理解马克思主义理论的科学性，自觉将马克思主义科学理论转化为人生信仰，就必须积极开发和合理利用课程资源，实现教学内容与社会发展同步，从而让学生感受时代脉搏的跳动，体验马克思主义理论的当代价值。课程资源不会自动进入教学领域，需要师生及所有从事思政教育的工作者能动地去寻找、认识、选择和运用。[1]

一、坚持正确导向，精选优质资源

在开发思想政治课程资源时，必须坚持正确的政治方向，聚焦核心素养，

---

[1] 郑洪蕴. 也谈思想政治课程资源的开发与利用[J]. 中学政治教学参考, 2017(9): 41.

结合党和国家重大实践和理论创新成果，精选有助于学习活动开展与目标达成的优质资源。课程资源的选择要立足学生实际，重视资源的典型性和适切性，注重知识性与价值性有机统一，发挥课程资源促进学生发展的育人价值。

教学要围绕课程内容体系，及时跟进社会发展进程，结合国内外影响较大的时事进行讲解。要将党和国家重大实践和理论创新成果引入课堂，充分体现马克思主义中国化时代化的最新成果。要密切联系社会生活和学生生活实际，用富有时代气息的鲜活内容，以学生喜闻乐见的方式，增强中学思想政治教育的时效性、生动性、新颖性，让思想政治课成为有现实关怀和人文温度的课堂。时政述评能够及时把鲜活的事例与教学内容联系起来，很快进入教学活动，具有很强的时效性，是中学思想政治课开展时政教育的一种重要方式，也是提升教学时代性的重要举措。中学思想政治课程资源的开发和利用要围绕课程目标进行，要服务于课程目标的实现，着眼于学生的全面发展，针对不同的目标应该开发与之相对应的课程资源。

中学思想政治课程的性质，决定了教学资源的广泛性。因此，在遴选资源的过程中，要积极利用和开发各种课程资源，积极争取社会各方面力量的参与和支持，尽可能掌握丰富的信息源。同时，要按照政治属性、育人属性、教学属性等方面的要求，确定所选素材能否用于中学思想政治课的教学。

二、彰显集体智慧，共享素材资源

素材资源不直接构成课程，但经过加工并付诸实施后能成为课程的教学材料。中学思想政治课程的素材资源，从表现形式上看，主要有文本、图片、音频和视频四个类型；从内容上看，包括与教材知识紧密相关的时政热点、名言警句、俗语谚语、哲理故事、漫画、歌曲、典型案例和试题等。对于学校的思想政治教师而言，可以利用平时积累的大量思想政治课程素材资源进行共享，建立思想政治课程资源库，达到使用效率的最大化。学校可将评选出的优质课视频上传至学校教学资源库，或印发给相关教师进行参考；也可以充分利用校园网，将教师开发的课件、导学案、测试题等集中起来，建成思想政治课教学资源库；还可以通过名师工作室设置教学案例、论文集锦、课题研究、经验交流等栏目，全面展示工作室成员的教学及科研成果。

通过整合与共享各种优秀的思想政治课程资源，可以彰显中学思想政治课教师的集体智慧，可以有效减少教师的重复劳动，促进教师之间的相互借鉴、取长补短、共同提高。各地区、各学校在课程资源开发中要增强课程资源共建共享意识，统筹规划建设课程资源系统；重视线上线下互动体验平台等数字化资源建设，逐步建立地区之间、学校之间资源互补、共建共享的机制；可建立中小学、高校和研究机构资源建设共同体，加强思想政治课程资源库建设，持续更新优化资源。要增强知识产权保护意识，严格遵守知识产权保护的法律法规。

由于思想政治课程的特殊属性，我们在选择教学资源时，应该优先使用人民日报、新华社网站和微信公众号、学习强国 App、央视新闻 App 等权威平台资源。在选定资源时，教师要认真审读、仔细把关，不要想当然地以为来自权威平台的素材就一定是合适的教学资源。

此外，中学思想政治课程资源的开发，还要体现出综合性和实践性。所谓综合性，是指把思想政治课程资源整合起来，综合开发利用，提高思想政治课程资源的针对性和时效性，反映思想政治教育内容的综合性。所谓实践性，是指要依托实践，在实践中落实，一方面是思想政治课程资源的开发利用要有利于引导学生在实践中学习知识，另一方面要引导学生在各种社会实践中获得经验。

三、发挥身教效应，利用教师资源

教师是教学的组织者和促进者，更是课程的开发者和研究者，因此，大力开发教师资源是开发中学思想政治课程资源的应有之意。中学思想政治课教师应充分发挥个体主观能动性，将自己的思想素质、心理素质、道德品质、价值观念、思维方式、文化知识、技能技巧、生活经验、人生感悟、人格魅力等转化为课程资源，通过身教，让学生"亲其师，信其道"。

学高为师，身正为范。中学思想政治课教师必须紧跟时代潮流，不断丰富和完善自己。要充分有效地利用自身资源，需要教师意识到自己是最重要的人力课程资源，尽量丰富自己的生活经验，细心收集、筛选、整合自身资源，努力做一个人格魅力和专业素养和谐统一的教师，一个值得学生信赖的良师益友。总之，教师在进行思想政治课程的相关教学时，可以有意识地将自己的做法和人生经验分享给学生，以培养他们的社会适应能力。

中学思想政治课教师要增强课程资源意识，充分发挥自身优势，积极利用和开发各种课程资源；注重发现、利用学生中间和本地区的先进模范等榜样资源，引导学生向身边的榜样学习；积极争取社会各方面力量的参与和支持，挖掘和利用中华优秀传统文化资源和红色资源，如重要人物、重大事件、伟大成就、重要作品、重要节日纪念日、遗址遗物、馆藏文物等，丰富教育教学活动形式；重视信息化环境下的资源建设，要精选、整理和加工资源，为促进学生学习方式的转变提供课程资源支持。同时，教师要充分尊重学生的主体地位，尽量要让学生积极参与课程资源的开发，充分发挥学生的积极性、主动性和创造性，教师要充分相信学生，让学生做自己学习和行为的主人。

四、激发主体意识，巧用学生资源

学生不仅是教育的对象，更是教育的重要资源。每个学生都是一个独特的个体，有自身的心理特征和认知规律，有各自的发展需要、学习方式、家庭背景等。学生已有的知识基础、生活经验、活动方式、交往情感、兴趣爱好等对教师的教学活动至关重要，教师必须加以重视。

学生是学习的主人，教师必须充分调动学生学习和开发课程资源的积极性。比如，教师可以通过时政论坛、演讲比赛、歌唱比赛等活动，促进学生的知识向能力转化，使枯燥的书本知识变得鲜活起来；也可以鼓励学生参加夏令营、冬令营活动等，以开阔学生的眼界。这些存在于学生身边的鲜活资源，既是思想政治课堂的延伸，又是思想政治课知识的再现和升华。把学生资源引入中学思想政治课堂，有利于增强学生的主体意识，顺利实现思想政治课教学的"三维一体"目标。

当然，想要充分利用学生资源为思想政治课教学服务，教师必须在生活中仔细观察学生，在备课时认真研究学生，在教学时注重引导学生，善于利用学生的社会生活信息，重视学生的亲身体验。对于网络上、其他学科的相关内容，要积极发现并为我所用。凡是能为我所用的，都要积极使用。从学生感兴趣的一切事物中，发现思想政治课程教学可用的内容，并将其融入思想政治课教学中，对学生产生潜移默化的影响。

五、助力特色发展，开发校本课程

中学思想政治课程承担着引导学生"树立建设中国特色社会主义的共同理想，初步形成正确的世界观、人生观与价值观，为其终身发展奠定思想政治素质基础"的重要使命。要完成这一使命，既需要国家课程发挥主渠道作用，也需要贴近学生生活的校本课程进行有效补充。基于学生成长的需要，也为了发挥教师特长，我们必须开发一些反映本校特色的校本课程。

实践证明，开发、实施校本课程不但能大为凸显学校的办学理念，促进学校办学特色的形成，还能推动教师教育教学研究的开展，构建教师与课程的良性互动关系，促进教师的专业化成长。

六、培育家国情怀，挖掘乡土资源

对于生于斯、养于斯的故乡，学生都会有种天然的亲近感。结合乡土课程资源学习思想政治课，能够贴近学生情感和现实体验，提高教学的针对性。因此，在开发课程资源过程中，教师应把乡土资源的开发放在重要位置，充分挖掘本地自然风光、风土人情、方言土语、名胜古迹，甚至美食、习俗等资源，为其注入情感和价值元素。

在中学思想政治课教学过程中，教师如果适时、适度地引入上述资源，既能使学生感到亲切、真实、自然，极大地激发其学习兴趣，又能培养学生热爱家乡、依恋故土、报效祖国、服务人民的朴素情感。在中学思想政治教学中挖掘乡土资源，可以使学生在情理交融的教学活动中，既认同教材的理论观点，又升华自身的爱国情怀。

课程资源的开发和利用，不仅是特定部门和人员的专业行为，更是教师主导的活动。教师在课程资源的开发中要发挥主体作用，认真学习和领会课程的目标和内容，全面分析课程资源开发与课程目标实现的关系，评估课程资源的特点及其价值，根据实际情况选择和利用课程资源。

学校要从具体的地域特点、学校特点、教师特点、学生特点出发，发挥各自的优势，使课程资源的开发呈现出多样性、丰富性、独特性，有效实现特色资源的开发。

教学活动是师生共同参与的过程，课程资源的开发与利用，要充分发挥全体师生的作用，鼓励他们积极参与，共同收集、处理、展示课程资源，有效利用课程资源。思想政治课程资源开发和利用的广度与深度，直接决定着中学思想政治课教学的效果。巧妙开发和利用思想政治课程资源，有利于提高学生的学习兴趣，增强思想政治课的教学魅力，激发学生的创造活力，促进学生学科核心素养的养成。作为一名思想政治教师，必须具有强烈的课程资源意识，开发和利用好课程资源这一源头活水，使思想政治课教学永远清澈澄明，富有活力和吸引力。

第三节　中学思想政治课程资源的应用

中学思想政治课程资源的类型极为丰富，按照课程资源的性质，可分为自然课程资源和社会课程资源。前者主要突出"天然性"和"自发性"，后者则主要突出"人工性"和"自觉性"。按照课程资源的存在形态，可分为物质形态的课程资源和精神形态的课程资源。前者如文化教育机构、风景名胜、文物古迹、广播电视、网络资源、现代化教学设备等，后者如社会生活方式、价值规范、行为准则、人际关系、校风、学风、社会风气等。按照课程资源的空间分布，可分为校内课程资源和校外课程资源。前者如校内的图书馆、资料室、教室、校园环境、学校和班级的文化与制度等，后者如校园以外的工厂、农村、部队、教育基地、科研院所、图书馆、博物馆、展览馆、纪念馆、文化馆、科技馆及地方乡土教材等广泛的社会资源以及丰富的自然资源。按照课程资源的表现形式，可分为显性课程资源和隐性课程资源。那么，我们该如何用好这些资源呢？① 以下，我们对一些常见的社会资源应用加以说明。

一、利用网络资源为思想政治教学服务

如今我们处于网络信息时代，网络资源成为中学思想政治课程资源的重要依托。网络以其资源信息量大，素材多，传递速度快，资料的查阅不受时间、空间的限制为特点，已被广泛用于现代教学中，为思想政治教学和思想政治学习提供了一个广阔的信息天地。教师可以利用学生对网络感兴趣这一特点，指导他们通过网络中的"搜索"功能或者直接登录新华网、央视网等网

---

① 梁鹏，李伟. 思想政治（品德）课教学论[M]. 沈阳：辽宁大学出版社，2017：70-71.

站,查找课程学习相关信息和背景材料。这样做既拓宽学生的视野,提高他们搜集信息的能力,也为课堂教学创造了良好的前提条件。可见,中学思想政治课运用网络资源能轻松地解决资料不足问题,较好地解决了思想政治课教材内容与现代社会经济、政治、文化迅速发展相滞后的矛盾,实现知识的扩展,加深学生对所学知识的理解。

随着互联网的普及和信息技术的发展,有大量的专业思想政治网络资源可供选择和使用,尤其是一些优质的中学思想政治教育与教学的公众号,以其资源广、更新快、信息全的特点,日益成为中学思想政治课教师获取课程资源的重要渠道。此外,通过知网、万方数据库、国家社科文献资源库等资源平台也可以轻易获取各种学术资源,给中学思想政治课程资源的开发和应用带来极大便利。

除了一些文字和图片资源外,网络中存在着大量的视频资源,这些视频集文字、图片、影像、声音于一体,能更为形象直观地再现知识,因此成为学生乐于接受的学习资源方式,尤其是一些与时事联系密切的、有教育意义和学习价值的视频资源,在思想政治课堂中被普遍使用。同时,针对在学习过程中存在的不懂或有疑问的内容,学生还可以登录政治教学网、名师工作室、优质思政课公众号等,直接和名师对话,接受名师的指导。

二、利用电视、报纸、杂志资源为思想政治教学服务

理论联系实际的原则是中学思想政治课的灵魂和生命线。教师应该将抽象的理论与学生普遍关心的社会热点、焦点问题结合起来,使课堂紧跟时代发展的脉搏,激发学生了解社会、探索新知识的兴趣,增强思想政治课堂的实效性。这些资源除了可以通过网络获取外,还可以通过观看电视节目、阅读报刊等方式获得。

如今的电视节目丰富多彩,其中有很多涉及思想政治的节目。如中央电

视台的《新闻联播》《焦点访谈》等栏目都有丰富、鲜活的时事材料和观点评述，十分有利于政治学习。关注时事新闻及其解读，能够激发学生强烈的求知欲望，培养他们主动思考的习惯。

在报纸杂志方面，学生可以阅读《时事资料手册》《半月谈》《中学生时事政治报》等优秀的报纸杂志。这些报刊都非常关注国家的政治、经济生活，关注国内外时事热点、社会热点，并有详细的理论分析。通过阅读这些材料，有利于学生在了解社会动态的同时，提高多角度分析问题的能力。

三、利用社会实践资源为思想政治教学服务

中学思想政治课程标准的基本理念之一就是"构建开放式的思想政治课程，重视社会实践活动资源的开发利用……拓宽学习空间，满足学生多样的学习要求"。传统的思想政治课教学，一般以教师讲授为主，教学内容囿于书本理论知识，教学空间局限于单一、封闭的教室内。这种课堂教学模式容易压抑学生的创造性思维，不利于调动学生学习的主体性和积极性，以及学生个性和特长的发挥。

随着对中学思想政治教学生活化的重视，要求教师开辟"第二课堂"，即根据教学的需要，让学生走进社会，开展社会实践活动，从而把学习的范围扩大到社会的政治、经济、文化等领域，使课程内容更加充实、生动。"第二课堂"的开辟让学生有机会与社会接触，不仅激发了学生学习政治的主动性和积极性，而且使他们在丰富知识体系的基础上，提高了人际交往能力和社会洞察能力，最终做到知、情、行的有机统一。为了更好地让学生了解社会，进一步激发学生学习思想政治的兴趣和积极性，促进学生综合素质的全面提高，必须积极搭建"第二课堂"教学的各种有效平台。如开展"课前时事播报"，成立"时事沙龙"，对社会热点展开分析、评论；组织参观各种展览，参观各种企业、爱国教育基地等，并撰写观后感；组织社区活动、进行社会调

查，撰写调查报告等，这样不但能够培养学生发现问题、分析问题和解决问题的能力，而且能激发学生的爱祖国、爱家乡之情，增强他们的社会责任感。可见，相对于常规的思想政治课堂教学，"第二课堂"不论从表现形式还是内容上都更加丰富多彩，更加贴近学生、贴近社会、贴近时代。

中学思想政治教师可以根据本地区的区域优势，结合思想政治学科的特点，合理地开发和利用具有本地特色的乡土课程资源，有计划地组织学生到科技馆、纪念馆、展览馆、博物馆、政府机关、企事业单位等进行调查研究，发挥本地区所具有的特色资源优势。例如，在讲到民族区域自治制度时，可以结合本地域的民族特色，带领学生去领略少数民族的社会习俗和生活习惯，还可以了解国家对少数民族的扶持情况和优惠政策等，让学生切身体会到生活在一个民族融合的大家庭，从内心深处感受到各民族平等、各民族兄弟姐妹"相亲相爱一家人"的温暖，从而变枯燥乏味的书本理论体系为真实、触手可及的现实生活。

此外，学校和教师要建立与社区的密切联系，开发和利用社区资源，根据本社区的特点与条件开展教学和实践活动。比如，可邀请社区退休的老干部、老模范来学校做讲座和报告，利用社区的公共图书馆、博物馆、文化馆和纪念馆等人文资源，通过建立教育活动基地等形式，让学生参观、学习。

总而言之，丰富多彩的课程资源是新课程实施的基础和保障，是促进教学方式变革、教师专业成长和学生全面发展的有效路径。在一定程度上说，课程资源的丰富性和适切性程度决定着课程目标的实现范围和实现水平，换言之，没有大量的、丰富的课程资源来做支撑，新课程改革也只能停留在观念、理想的层面之上，再美好的课程改革也只能是设想，很难变为实际的教育效果。[①] 教材以外的课程资源的开发和利用，不仅可以弥补中学思想政治教材资源的相对不足、增强思想政治课堂的吸引力，还可以使学生从被动的知

---

① 张文晓. 新课程背景下高中思想政治课程资源的开发和利用[D]. 武汉：华中师范大学，2013.

识接受者转变为主动的知识共同构建者，激发他们学习的积极性和主动性。因此，作为中学思想政治课教师，一定要树立"以学生发展为本"的理念，积极开发和利用各种课程资源，以实现良好的教学效果。

【思考题】

1. 中学思想政治课程资源开发的原则是什么？
2. 中学思想政治课程资源开发的途径有哪些？
3. 如何科学合理地应用中学思想政治课程资源？

参考文献

[1]中华人民共和国教育部．义务教育阶段道德与法治课程标准：2011年版[M]．北京：人民教育出版社，2011．

[2]中华人民共和国教育部．义务教育阶段道德与法治课程标准：2022年版[M]．北京：人民教育出版社，2022．

[3]中华人民共和国教育部．普通高中思想政治课程标准[M]．北京：人民教育出版社，2004．

[4]中华人民共和国教育部．普通高中思想政治课程标准：2017年版2020年修订[M]．北京：人民教育出版社，2020．

[5]刘强．思想政治学科教学新论：第二版[M]．北京：高等教育出版社，2009．

[6]韩震．思想品德与思想政治课教学论[M]．北京：高等教育出版社，2008．

[7]梁鹏，李伟．思想政治(品德)课教学论[M]．沈阳：辽宁大学出版社，2017．

[8]郑金洲．中学教育基础[M]．上海：华东师范大学出版社，2020．

[9]周家亮．思想品德教学研究与设计[M]．济南：山东人民出版社，2006．

[10]钟启泉，崔允漷，吴刚平．普通高中新课程方案导读[M]．上海：

华东师范大学出版社，2003.

[11]武东生，徐曼，等.中国古代思想政治教育史[M].天津：南开大学出版社，2013.

[12]王新山，王玉婷，等.中国古代思想政治教育史论[M].武汉：武汉大学出版社，2016.

[13]陈万柏，张耀灿.思想政治教育学原理[M].北京：高等教育出版社，2007.

[14]梁侠，郑坛.义务教育课程标准(2011年版)案例式解读：初中思想品德[M].北京：教育科学出版社，2012.

[15]李晓东.义务教育课程标准(2022年版)课例式解读：道德与法治[M].北京：教育科学出版社，2022.

[16]韩震，朱明光.普通高中思想政治课程标准(2017年版2020年修订)解读[M].北京：高等教育出版社，2020.

[17]余文森，吴刚平，刘华良.关注资源、学科与课堂的整合[M].上海：华东师范大学出版社，2005.

[18]胡田庚.中学思想政治课程标准与教材分析[M].北京：科学出版社，2012.

[19]罗越娟.思想政治课程与教学论[M].广州：广东高等教育出版社，2013.

[20]郭多华，张晓丹.中学思想政治教学技能实训教程[M].北京：科学出版社，2017.

[21]吴铎.思想政治教育学[M].杭州：浙江教育出版社，1993.

[22]万光侠，张九童，夏锋.马克思主义人学视域中的思想政治教育范式转换研究[M].济南：山东人民出版社，2014.